明史

清　張廷玉等撰

第一〇册

卷一〇三至卷一〇六（表）

中華書局

明史卷一百三

表第四

諸王世表四

建文初，封弟允熥爲吳王，允熞爲衡王，允熙爲徐王，皆懿文太子子也。福王時，追謚吳王曰悼，衡王曰愍，徐王曰哀，見福王傳。

吳
悼王允熥，懿文太子嫡三子，建

文元年封，未就藩。成祖入京師，降封廣澤王，居漳州。其年九月召還，廢爲庶人。永樂十五年卒。〔一〕

衡

愍王允熞，謚文太子庶四子，建文元年封，未就藩。成祖入京師，降封懷恩王，居建昌。其年，與吳

王俱召還，廢爲庶人。	徐 哀簡王允熙，〔二〕懿文太子庶五子，建文元年封，未就藩。成祖入京師，降

封敷惠王，隨母居太子陵。永樂二年改封甌寧王，奉懿文祀。四年卒。無子，除。

成祖四子。仁宗外，高爔未封。其得封者二王，曰漢王高煦，曰趙簡王高燧。

漢

高煦，成

祖嫡二子。洪武二十八年封高陽王，永樂二年進封。十五年就藩樂安州。宣德元年八月反，削爵錮西

趙　簡王高燧，成祖嫡三子，永樂二年封。洪	內，焚死。世子瞻坦先卒。〔三〕韋妃及九子俱從死，除。
惠王瞻墉，簡嫡二子，初封安陽王，宣德	
悼王祁鎡，惠嫡一子，景泰六年，襲封。天	
靖王見濬，悼庶一子，成化元年襲封。弘	
莊王祐棌，靖庶三子，初封清流王，弘治	
康王厚煜，莊嫡一子，正德十六年襲封。	
載培，康庶一子，初封獲嘉王。嘉靖十六	
翊鎦，恭嫡一子，嘉靖二十八年封世孫。	
穆王常清，安嫡一子，嘉靖四十四年襲	
由松，穆嫡一子，萬曆十三年封世子。四	
王慈燄，壽光王由桂嫡一子，萬曆中	

熙元年就藩彰德府。宣德六年薨。世子瞻坺先卒。	
七年襲封。景泰五年薨。	
順四年薨。	臨漳恭安王祁鍙，惠嫡二子，正統九年封。成
治十五年薨。	榮和王見湁，恭安嫡一子，成化二十三
十六年襲封。正德十三年薨。	祐栻，榮和庶一子，成化二十三年封鎮
嘉靖三十九年薨。	康端王厚炣，悼懷庶一子，正德十六年
年薨，謚昭定。後以孫常清襲趙封，進封親王，改謚曰恭。	莊惠王載埲，康端庶一子，嘉靖十七年
三十八年薨。以子常清襲封。追封王，謚曰安。	王翊鍘，莊惠庶一子，萬曆十四年
封。萬曆四十二年薨。	王常海，翊鍘嫡一子，萬曆二十七
十二年未襲薨。無子。	
改封世孫。四十五年嗣封。	

化二十一年薨。	湯陰莊僖王祁鏋，惠嫡三子，正統九年封。成
年襲封。正德十一年薨。	見準，莊僖嫡一子，成化二十一年襲封。
國將軍。弘治十八年卒。以子厚炣襲封，追封王，諡悼懷。	
襲封。嘉靖八年薨。	
襲封。萬曆十八年薨。	
封長子。二十一年襲封，薨。	
年封長子。天啓二年襲封。	

化二十一年薨。	襄邑恭定王祁鍟，惠嫡四子，正統九年封。成化元年薨。
弘治六年以罪賜死，除。	懷簡王見瀠，恭定嫡一子，成化四年襲封。十二年薨。無子。 榮惠王
	昭和王
	端順王

洛川 靖懿王	
榮恪王	見沂，恭定庶二子，成化十三年進封。弘治六年薨。
康定王	祐櫸，榮惠庶一子，弘治七年襲封。正德十一年薨。
厚熔，康	厚燔，昭和庶一子，嘉靖三十八年襲封。萬曆十一年薨。子翊釸擅婚，例不准襲，除。
恭簡王	
莊憲王	
端惠王	
王	
王	

祁鋹，惠嫡五子，正統十年封。成化十九年薨。	南樂 安懿王	祁鉷，惠
見渥，靖懿嫡一子，成化二十年襲封。正德十二年薨。	榮僖王	見瀾，安
祐架，榮恪庶一子，嘉靖元年襲封。十九年薨。	宣靖王	祐櫝，榮
定嫡一子，正德十四年封長子。嘉靖八年卒。以子載墝襲封。追封王，諡懷順。	康順王	厚熘，宣
載墝，懷順嫡一子，嘉靖二十三年襲封。三十三年薨。	恭恪王	載墲，康
翊鉻，恭簡嫡一子，嘉靖三十八年襲封。四十四年薨。	王	翊鏑，恭
常渲，莊憲嫡一子，萬曆元年襲封。三十二年薨。	王	常汰，翊
由硎，端惠嫡一子，萬曆二十一年封長子。三十六年襲封，薨。		
慈炾，由硎嫡一子，天啓三年襲封。		

嫡七子，天順元年封。弘治十六年薨。	平鄉榮順王祁鏓，惠庶八子，天順元年封。成化十二
懿庶一子，正德十一年襲封。嘉靖元年薨。	榮康王見洸，榮順庶一子，弘治元年襲封。嘉靖
僖庶一子，嘉靖四年襲封。十八年薨。	祐楸，榮康庶一子，正德三年封鎮國將軍。八年
靖嫡一子，嘉靖二十二年襲封。萬曆八年薨。	恭和王厚爆，僖穆嫡一子，嘉靖十二年襲封。萬
順庶一子，萬曆十二年襲封。十三年薨。	安莊王載坋，恭和庶一子，萬曆四年以鎮國將
恪庶一子，萬曆十六年襲封，薨。	
鏑嫡一子，萬曆三十年封長子，既而襲封。	

年薨。	
七年薨。	汝源 榮昭王見淇，悼庶二子，成化三年封。嘉靖八年
卒。以子厚熜襲封。追封王，諡僖穆。	祐桐，榮昭嫡一子，成化十九年封長子。嘉靖七
曆四年薨。	端僖王厚焆，懷和庶一子，嘉靖十年襲封。二十
軍襲封。十一年罪革，半祿，子孫降封奉祀，除。	載壃，端僖嫡一子，未襲卒。無子，除。

薨。

昆陽溫穆王見洽，悼庶三子，成化三年封。正德元年薨。無子，

年卒。以子厚焆襲封，追封王，謚懷和。

八年薨。

除。

廣安 端裕王 祐枳，靖庶五子，弘治五年封。十五年薨。	
溫懿王 厚熑，端裕嫡一子，正德十年襲封。嘉靖三十五年薨。	江寧 恭懿王 厚煉，莊
康裕王 載堂，溫懿嫡一子，嘉靖三十八年襲封。隆慶五年薨。	莊惠王 載墣，恭
王 翊鏐，康裕嫡一子，萬曆二年襲封。三十四年薨。	王 翊銛，莊

庶三子，正德十六年封。嘉靖四十一年薨。	光山康靖王厚煇，莊庶四子，
懿嫡一子，嘉靖四十四年襲封。萬曆九年薨。	
惠庶一子，萬曆十二年襲封。二十八年薨。一子常淰，先卒。無嗣，除。	

嘉靖二年封。三十年薨。一子殀，除。	秀水憲穆王厚炯，莊庶六子，嘉靖九年封。十九年薨。一子殀，

除。

成皋

端穆王載埦，康庶四子，嘉靖十九年封。萬曆十二年薨。

翊鍨，端穆庶一子，嘉靖三十六年封鎮國將軍。萬曆五年卒。以子常溲襲封，追封王，謚

王常溲，昭裕庶一子，萬曆十五年襲封，薨。

王由朴，常溲嫡一子，萬曆二十九年封長子，既而襲封，薨。

昭裕。

壽光王

由桂，穆庶七子，萬曆二十七年封。三十六年薨。後子慈憸嗣趙封，郡爵例不襲。

仁宗十子。宣宗外，瞻垠未封。其得封者八王，曰鄭靖王瞻埈，曰越靖王瞻墉，曰襄憲王瞻墡，曰荆憲王瞻堈，曰淮靖王瞻墺，曰滕懷王瞻塏，曰梁莊王瞻垍，曰衞恭王瞻埏。

鄭	
一	靖王瞻埈，仁宗庶二子，永樂二十二年封。宣德四年就藩鳳翔府。正統九年移
二	簡王祁鍈，靖嫡一子，成化四年襲封。弘治八年薨。
三	見滋，簡嫡一子，成化七年封世子。十五年薨。以子祐枔襲封。追封王，謚曰僖。
四	康王祐枔，僖嫡一子，弘治十四年襲封。正德二年薨。無子，從弟祐檡立。 懿王祐
五	恭王厚
六	端清世
七	
八	
九	
十	
十一	
十二	

懷慶府。成化二年薨。

檡，東垣端惠王嫡一子，初襲東垣王，正德四年嗣封。十六年薨。

烷，懿嫡四子，嘉靖六年襲封。二十九年以諫帝眞修，降庶人，發高牆。隆慶元年復爵，加祿四百石。萬曆

子載堉，恭嫡一子，嘉靖二十五年封世子。萬曆三十三年讓爵載璽。詔載堉及子翊錫，准以世子、世孫

十九年薨。

祿終身。其子孫仍封東垣王，以接見湞之統。

王載璽，恭再從弟庶人厚煒嫡一子，盟津王見濍曾

王翊鏜，載璽嫡一子，萬曆三十五年封世子，旣而襲

	新平懷僖王祁銳，靖嫡二子，正統七年封。景泰七年
孫也。以載堉讓爵，萬曆三十四年受封，薨。	
封。崇禎十三年以罪賜死，除。	

薨。無子，除。

涇陽

安靖王祁銑，靖庶三子，正統八年封。弘治元年薨。

見溢，安靖嫡一子，弘治四年襲封。八年革爵。十六年卒。無子，除。

朝邑

榮簡王

祁鎔，靖嫡四子，正統八年封。成化二十二年薨。無子，除。	
	盟津 見濍，簡庶三子，成化十年封。二十年，罪
	祐禧，見濍嫡一子。
	厚煒，祐禧嫡一子。
	載璽，嗣鄭封，見前。

降庶人，發高牆。弘治元年釋回。四年卒。子孫俱庶人。	東垣 端惠王見濆，簡庶四子，成化十年封。弘
	祐櫸，嗣鄭封，見前。
	榮昭王厚烱，懿庶二子，正德十二年仍
	康僖王載墩，榮昭嫡一子，嘉靖四十二
	恭懿王翊鐙，康僖一子，萬曆中襲封，
	王常漨，恭懿嫡一子，萬曆二十五
	王由彬，常漨嫡一子，萬曆三十八

治十六年薨。

淮襄郡封。嘉靖三十八年薨。

年襲封。萬曆十一年薨。

薨。

年以鎮國將軍改封長子。三十七年襲封。四十二年薨。

王

常潔，端清次子翊鈇嫡一子，初

年封長子。四十六年襲封。崇禎八年薨。世子載堉孫常潔立。

河陽懷簡王見潙，簡

封輔國將軍，以萬曆中詔仍封東垣。崇禎八年，值東垣王由彬薨，遂襲封。

庶五子，成化十二年封。十五年薨。無子，除。

信陽悼懷王見浪，簡庶七子，成化十七年封。十八年

薨。無子，除。	宜章懷順王見訓，簡庶八子，弘治元年封。十一年薨。無子，除。	繁昌恭定王見瀖，簡
		榮戾王祐楞，恭
		端順王厚爦，榮
		王載墱，端

庶九子，弘治元年封。嘉靖十二年薨。	盧江懿簡王見湳，簡庶十子，弘治三年封。嘉靖十六
定庶一子，嘉靖十六年襲封。隆慶六年薨。	榮繆王祐棉，懿簡庶一子，嘉靖二十二年襲封。
戾庶一子，萬曆十二年襲封。二十七年薨。	王厚灮，榮繆嫡一子，萬曆二年襲封，薨。
順庶一子，萬曆二十四年襲封。	王載禮，厚灮嫡一子，萬曆中襲封。

年薨。	丹陽靖和王見淽，簡庶十一子，弘治四年封。正德十一年薨。無子，除。	眞丘榮隱王
四十三年薨。		

見湝，簡庶十二子，弘治十年封。正德十二年薨。無子，除。

德慶

恭惠王載埊，恭庶二子，嘉靖三十年封。

王翊鍞，恭惠嫡一子，萬曆中襲封，

越靖王瞻墉，仁宗

萬曆十六年薨。

崇德恭簡王載陞，恭庶四子，隆慶二年封。五年薨。無子，除。

薨。無子，除。

嫡三子，永樂二十二年封，建邸衢州府，未行。正統四年薨。無子，除。	襄 憲王瞻墡，仁宗嫡五子，
	定王祁鏞，憲嫡一子，成
	簡王見淑，定庶一子，弘
	懷王祐材，簡庶一子，弘
	莊王厚熲，陽山王祐楬
	靖王載堯，莊庶一子，初
	忠王翊銘，靖庶一子，萬
	王常澄，翊銘嫡二子，

永樂二十二年封。宣德四年就藩長沙府。正統元年移襄陽府。成化十四年薨。
化十五年襲封。弘治元年薨。
治二年襲封。三年薨。
治四年襲封。十七年薨。無子。康王祐櫍，簡庶二子，初封光化王，正德三年進封。嘉靖二十九年薨。無
庶一子，初襲陽山王，嘉靖三十一年嗣封。追諡其祖見涝爲恭王，父爲惠王。四十五年薨。
封安福王，隆慶三年襲封。萬曆二十三年薨。郡爵例不襲。
曆二十九年襲封。崇禎十四年，張獻忠陷襄陽，遇害。
初封福清王，崇禎十七年進封。寄居九江府。

	寧鄉 莊憲王祁鑛，憲嫡二子，正統八年封。成化七年薨。無子，除。	棗陽 安穆王
		僖順王
子，從姪厚熲嗣。		榮肅王
		恭靖王
		載埤，恭
		王

	祁鉦，憲庶三子，正統八年封。成化十二年薨。
陽山恭和王	見沔，安穆庶一子，成化十六年襲封。弘治六年薨。
榮康王	祐槵，信順嫡一子，弘治十六年襲封。嘉靖四年，革爵爲庶人。十八年復爵。三十四年薨。
	厚燏，榮肅庶一子，嘉靖四十年襲封。萬曆二十一年薨。
	靖庶一子，嘉靖四十三年封長子。萬曆二十一年卒。以子翊鋙襲封，追封王。諡
	翊鋙，載埠庶一子，萬曆二十六年襲封。二十九年，未婚，薨。除。

	鎮寧
見澇，定庶二子，成化十六年封。正德十一年薨。	恭靖王見濙，定庶三子，
祐楬，恭和庶一子，嘉靖元年襲封。十四年薨。後子嗣襄封，郡爵例不襲。	安懿王祐檽，恭靖嫡一
	恭懿王厚熧，安懿庶一
	王載埢，恭懿一

弘治四年封。嘉靖元年薨。			
子，嘉靖五年襲封。萬曆四年薨。			
子，萬曆九年襲封。二十三年薨。			
子，萬曆中襲封，薨。無子，除。	鄖城	王	載壙，莊庶二子，嘉靖四十四年封隆慶王。隆慶三年以
		王	翊鈴，載壙子，萬曆中封長子。天啓六年襲封。

同朝廷年號，改封，薨。	永城王載圻，莊庶三子，嘉靖四十四年封。萬曆四年薨。無子，除。

蘭陽王　翊鎬，靖王庶二子，萬曆三十一年封。

貴陽王　常法，翊銘庶三子，受封。崇禎十

荊憲王瞻堈，仁宗		
靖王祁鎬，憲嫡		
見瀟，靖嫡一子，		
和王祐橺，都梁		
端王厚烇，和嫡		
載墭，端庶一子，		
恭王翊鉅，莊嫡		
敬王常[illegible]，恭嫡	進賢王常洤，翊銘庶四子，受封。	四年，獻賊陷襄陽，與襄王同遇害。

庶六子，永樂二十二年封。宣德四年就藩建昌府。正統十年移蘄州。景泰四年薨。

一子，景泰六年襲封。天順五年薨。

天順八年襲封。弘治五年坐不法召至京，幷其長子祐柄俱降爲庶人，遷置武昌。姪祐櫚立。

王見溥嫡一子，成化十九年襲都梁封。弘治七年進封。十七年薨。

一子，正德二年襲封。嘉靖三十二年薨。

初封永定王，嘉靖二十九年薨。以子翊鉅襲荊封，追封王，謚曰莊。

一子，嘉靖三十二年以永定長子進封世孫。三十四年襲封。隆慶四年薨。世子常泠，罪降庶人。

二子，初封泰寧王，萬曆三年襲封。四年薨。無子。

康王常盗，恭嫡三子，萬曆三年封安城王。七年進封。二十八年

定王由樊，〔四〕康嫡二子，萬曆十七年封世子。三

王慈煃，由樊嫡一子，萬曆四十年封世子。天啓六年

	都昌惠靖王祁鑑，憲嫡二子，正統八年封。成化十三年薨。	
	懷順王見潭，惠靖庶一子，成化十六年襲封。十九年薨。	都梁悼惠王
	悼僖王祐樢，懷順嫡一子，弘治九年襲封。十一年薨。	
	王厚熙，悼僖嫡一子，正統五年襲封。嘉靖八年薨。	
	王載堵，厚熙嫡一子，嘉靖中襲封，薨。	
	翊鏵，載堵嫡一子，封長子，先卒。無子，除。	
十五年薨。		
襲封。天啓二年薨。		
襲封。崇禎十五年薨。〔五〕		

見溥，靖嫡二子，成化二年封。十三年薨。後子祐橺襲荊封，郡爵例不襲。	樊山 溫懿王見澋，靖庶三子，
	莊和王祐構，溫懿嫡一
	恭恪王厚熑，莊和庶一
	王載坽，恭恪庶一
	王翊鉎，載坽庶一
	王常滄，翊鉎嫡一

成化三年封。正德元年薨。	
子，正德四年襲封。嘉靖七年薨。	
子，嘉靖十一年襲封。三十年薨。	富順王 厚焜，和庶二子，正德九年封。萬曆四年
子，嘉靖三十六年襲封。萬曆二十五年薨。	王 載坱，厚焜庶一子，萬曆十年襲封。十二
子，萬曆十三年封長子。二十八年襲封，薨。	王 翊鍉，載坱庶一子，萬曆十六年襲封，薨。
子，萬曆三十三年封長子，既而襲封。	王 常湢，翊鍉庶一子，萬曆十八年封長孫。
	王 由檽，常湢嫡一子，萬曆三十四年封長

薨。	永新安莊王厚熿，和庶三子，正德十一年封。嘉靖三十七年
年薨。	恭懿王載壕，安莊嫡一子，嘉靖四十一年襲封。萬曆十
	翊鍵，恭懿嫡一子，嘉靖四十三年以輔國將軍改封長
三十四年封長子。天啓三年襲封，薨。	王常渭，翊鍵庶一子，萬曆十六年襲封，薨。
孫。	王由櫄，常渭庶一子，萬曆三十四年封長子，既而

薨。

一年薨。

子。萬曆十三年未襲卒。

德安

莊王翊鏏,嫡二子,嘉靖三十六年封。萬曆中薨。

王常澋,翊鏏庶一子,萬曆三十年襲封。

襲封。

淮

靖王瞻

康王祁

見濂,康

定王祐

塽，仁宗庶七子，永樂二十二年封。宣德四年就藩韶州府。正統元年移饒州府。十一年薨。

銓，靖嫡一子，正統十三年襲封。弘治十五年薨。

嫡一子，成化十六年封世子。弘治六年薨。無子，姪祐棨嗣封。追封王，謚曰安。

棨，清江端裕王嫡一子，弘治十八年襲封。嘉靖三年薨。無子。莊王祐楑，端裕庶二子，初封鎮國將軍，

憲王厚燾，莊嫡一子，嘉靖十八年襲封。

恭王載坮，憲嫡一子，嘉靖四十五年襲

	嘉靖四年進封。十六年薨。
	四十二年薨。
順王載堅，憲嫡二子，初封建昌王，萬曆八年進封。二十三年薨。	封。萬曆五年薨。一子封郡王，未襲，薨。
王翊鉅，順庶一子，萬曆二十三年封世子。二十六年襲封，薨。	
王常清，翊鉅嫡一子，萬曆四十四年封世子，既而襲封。	

鄱陽懷僖王祁鏡，靖庶二子，正統九年封。十三年薨。無子，除。	永豐恭和王祁鉞，靖庶三子，正統九
	懷順王見淨，恭和嫡一子，成化
	榮和王祐梱，懷順嫡一子，弘治
	安僖王厚烑，榮和庶一子，嘉靖
	載址，安僖庶一子，嘉靖四十一
	莊裕王翊鍛，載址庶一子，萬曆
	王常瀏，莊裕嫡一子，萬曆
	王由桐，常瀏嫡一子，萬曆

年封。成化十一年薨。	
十三年襲封。弘治三年薨。	清江端裕王見澱，康嫡二子，成化二十一年封。弘治十五年
八年襲封。嘉靖二十二年薨。	
二十五年襲封。四十一年薨。	
年封長子。四十四年卒。	
三年襲封。十五年薨。	
二十二年封長子。二十六年襲封，薨。	
三十五年封長子，既而襲封。	

薨。後子祐棨嗣淮封，郡爵不再襲。	南康 莊惠王見淓，康嫡三子，弘治二年封。嘉靖二十四年薨。
	祐祠，莊惠庶一子，初封鎮國將軍，嘉靖十八年卒。以子
	安懿王厚熒，榮僖嫡一子，嘉靖三十二年襲封。萬曆二
	王載𧼯，安懿嫡一子，萬曆五年封長子。二十八年
	王翊鈋，載𧼯庶一子，萬曆三十一年封長子，既而

	德興莊僖王見漷，康庶四子，弘治三年封。正德十年薨。
厚褧襲封。追封王，謚榮僖。	恭簡王祐樋，莊僖嫡一子，正德十六年襲封。嘉靖二十六年薨。
十四年薨。	端順王厚烎，恭簡庶一子，嘉靖三十年襲封。萬曆十八年薨。
襲封，薨。	王載塛，端順嫡一子，隆慶三年封長子。萬曆二十一年襲
襲封。	王翊鍊，載塛庶一子，萬曆二十三年封長子。天啓三年襲

順昌 恭懿王見淴，康嫡六子，弘治九年封。嘉靖二十二年薨。	
王祐樅，恭懿庶一子，嘉靖二十五年襲封。四十五年薨。	
王厚焜，祐樅庶一子，嘉靖四十四年以鎭國將軍改封長子。萬曆三年襲封。十八	
王載圭，厚焜庶一子，萬曆三十五年襲封。	封，薨。
	封。

年薨。

崇安榮穆王見洶，康庶七子，弘治九年封。嘉靖三年薨。

昭和王祐榦，榮穆嫡一子，嘉靖六年襲封。二十一年薨。一子殀，絕，除。

高安恭僖王

端惠王

王

王

厚炅，莊嫡二子，嘉靖十九年封。四十五年薨。	上饒 恭惠王厚熻，莊庶三子，嘉靖十九年封。
載埲，恭僖庶一子，隆慶四年襲封。萬曆十五年薨。	王載堝，恭惠嫡一子，隆慶四年封
翊鈙，端惠嫡一子，萬曆十八年襲封，薨。	王翊鉅，載堝嫡一子，萬曆三十五
常淇，翊鈙嫡一子，萬曆三十四年封長子，既而襲封。	

	吉安
萬曆十七年薨。	肅簡王厚燔，莊庶四子，嘉靖二十二年封。四十二年薨。
長子。萬曆二十年襲封，薨。	王載堁，肅簡嫡一子，萬曆二十年襲封，薨。
年封長子，既而襲封。	王翊鏐，載堁庶一子，萬曆四十三年封長子，既而襲封。

廣信	順恭王厚燨，莊庶五子，嘉靖二十二年封。萬曆五年薨。
	王載堡，順恭嫡一子，嘉靖四十一年封長子。萬曆三十五年襲封。四十三年薨。無子，除。

嘉興

王

厚爔，莊

庶七子，

嘉靖二

十五年

封。萬曆

三年薨。

子載垌

係擅婚

之子，降

封輔國

將軍，郡

爵除。

紹興王	厚㶿，莊嫡八子，嘉靖二十五年封。萬曆二十一年薨。
	載封，厚㶿嫡一子，隆慶四年封長子。萬曆二十三年未襲卒。
王	翊鈴，載封庶一子，萬曆十九年封長子。三十年襲封。四十一年薨。無子，爵除。

金華
王 載墐，憲庶三子，嘉靖三十九年封，薨。
王 翊鉌，載墐庶一子，萬曆二十八年以鎮國將軍改封長子。三十七年襲封，薨。
王 常濵，翊鉌嫡一子，萬曆三十九年封長子，既而襲封。

華容王　載埱，憲庶四子，嘉靖三十三年封。隆慶元年薨。無子，除。

榮昌昭王　翊鏡，順庶子，

	滕懷王瞻塏，仁宗庶八子，永樂二十二年封，建藩雲南。洪熙元年
萬曆元年封。八年薨。無子，除。	

薨。無子，封除。	梁莊王瞻垍，仁宗庶九子，永樂二十二年封。宣德四年就藩安陸州。正統六年薨。

無子，封除。	衞恭王瞻埏，仁宗庶十子，永樂二十二年封，建藩懷慶府。正統三年薨。無子，封除。

校勘記

〔一〕永樂十五年卒　永樂十五年，原作「永樂十三年」，據本書卷一一八吳王允熥傳、太宗實錄卷一九〇七永樂十五年九月己巳條改。

〔二〕徐哀簡王允熙　哀簡王，原脱「簡」字，據太宗實錄卷四七永樂四年十二月辛亥條、弇山堂別集卷三三補。

〔三〕世子瞻坦先卒　瞻坦，原脱「坦」字，據本書卷一一八高煦傳補。

〔四〕定王由樊　定王，原脱「定」字，據本書卷一一九荆王瞻堈傳補。

〔五〕崇禎十五年薨　原脱，據本書卷一一九荆王瞻堈傳補。

明史卷一百四

表第五

諸王世表五

英宗九子。憲宗外，庶三子見湜未封，殤。其得封者七王，曰德莊王見潾，曰許悼王見淳，曰秀懷王見澍，曰崇簡王見澤，曰吉簡王見浚，曰忻穆王見治，曰徽莊王見沛。

德
莊王見潾，英宗庶二子，
懿王祐榕，莊嫡二子，正
厚燉，懿庶二子，初封東
恭王載墱，懷庶二子，嘉
定王翊館，恭嫡一子，萬
王常澅，定嫡一子，萬
由槇，常澅庶一子，初封

天順元年封。成化三年就藩濟南府。正德十二年薨。

德十六年襲封。嘉靖十八年薨。

平王，嘉靖中改封世子。未幾卒。以子載墱襲封，追封王，謚曰懷。

靖二十年襲封。萬曆二年薨。

曆五年襲封。十六年薨。

曆十九年襲封。崇禎五年薨。

廣宗王，萬曆四十三年改封世子。未襲，卒。

王由樞，常濤庶二子，初封郡王，崇禎中進封。十二年

	泰安恭簡王祐橞，莊庶一子，成化十六年封。嘉靖十三年薨。
	端懿王厚熿，恭簡庶一子，嘉靖十六年襲封。二十五年薨。
	康惠王載壢，端懿庶一子，嘉靖三十八年襲封。三十九年薨。無
正月，大清兵克濟南，見執。	

子，除。

濟寧安僖王祐欂，莊庶三子，成化十七年封。正德七年薨。子五人俱殀，絕，除。

歷城榮和王

厚㷆，懿庶三子，嘉靖二年封。七年薨。無子，除。	臨朐榮簡王厚爔，懿庶七子，嘉靖十五年封。二十三
	懷莊王載埃；榮簡嫡一子，嘉靖三十六年襲封。
	王翊鉡，懷莊嫡一子，隆慶六年襲封。萬曆
	王常澆，翊鉡嫡一子，萬曆三十三年封長

年薨。	高唐悼僖王厚熥，懿庶八子，嘉靖二十二年封。二十六年薨。無子，除。	
四十三年薨。		臨清溫懿王
三十七年薨。		僖順王
子，既而襲封。		王

載壊，懷庶三子，嘉靖二十二年封。萬曆二年薨。	寧海 恭和王 載坪，懷嫡四子，嘉靖二十二年
翊鋑，溫懿嫡一子，萬曆五年襲封。三十年薨。	王 翊鐸，恭和嫡一子，萬曆二年襲
常瀝，僖順嫡一子，萬曆十二年封長子。三十八年襲封。	王 常涃，翊鐸庶六子，天啓元年襲

		封。隆慶三年薨。
利津	堂邑端順王翊鏶，恭庶二子，嘉靖三十八年封。萬曆十六年薨。無子，除。	封。四十五年薨。
		封。

	安和王翊鑠，恭庶三子，嘉靖三十八年封。萬曆十年薨。
安陵王常𪸩，定嫡二子，萬曆二十年封。四	常濂，安和嫡一子，萬曆四年封長子。十一年卒。無子，除。

十年薨。無子，除。

紀城

溫裕王常澍，定嫡三子，萬曆十年封，薨。

王由棌，溫裕嫡一子，萬曆二十二年封長子。三十七年襲封。

嘉祥

王常泩，定嫡四子，萬曆十年封。	清平昭裕王常濊，定嫡五子，萬曆十一年封。三十九年薨。
	王由桑，昭裕庶一子，萬曆四十二年襲封。

永年王

由棶，常濤庶八子，萬曆四十二年封，薨。無子，除。

寧陽王

由椅，常濤庶九子，萬曆

	許 悼王見淳，英宗庶四子，景泰三年封，未就藩，薨。無子，封除。	秀 懷王見
四十五年封。		

澍，英宗庶五子，天順元年封。成化六年就藩汝寧府。八年薨。無子，封除。	崇 簡王見澤，英宗嫡六子，
	靖王祐樒，簡嫡一子，正
	恭王厚燿，靖嫡一子，正
	莊王載境，恭嫡一子，嘉
	端王翊鏳，莊嫡一子，嘉
	常澺，端庶一子，萬曆元

天順元年封。成化十年就藩汝寧府。弘治十八年薨。

德三年襲封。六年薨。

德九年襲封。嘉靖十六年薨。

靖十八年襲封。三十六年薨。

靖三十七年襲封。萬曆三十八年薨。

年封泰和王。六年改封世子。十一年未襲薨。無子。

常淓，端庶二子，萬曆九年封南陽王，十四年改

王由檟，常淓庶一子，萬曆四十年襲封。崇禎

	瑞安恭簡王祐桓，簡庶二子，成化二十一年
	厚熛，恭簡嫡一子，正德三年封長子。十
	莊惠王載埴，厚熛庶一子，嘉靖十八年
封世子，三十年未襲薨。	
十五年閏十一月，闖賊陷汝寧，王及世子慈煇俱被執。	

封。嘉靖十五年薨。	慶元 榮康王祐椐，簡庶三子，弘治七年封。嘉靖二十五年薨。
二年卒。以子載埴襲封。追封王，謚	厚焞，榮康嫡一子，正德十三年封長子。嘉靖九年卒。以
襲封。二十七年薨。無子，除。	莊懿王載埨，厚焞庶一子，嘉靖二十八年襲封。二十九

子載圿襲封，追封王，謚	懷安 莊惠王厚爀，靖嫡二子，正德十一年封。萬曆六年薨。
年薨。兩子俱殀，除。	溫穆王載坰，莊惠庶一子，萬曆十一年襲封。三十一年薨。
	懷安王翊鐨，溫穆嫡一子，萬曆十六年封長子。三十四年襲封，薨。
	常潤，懷安嫡一子，萬曆三十年封長孫。三十六年封長子，未襲，卒。
	王由札，常潤嫡一子，萬曆中封長孫。天啓元年襲封。

吉簡王見浚，英宗	
祐枎，簡庶一子，	
定王厚焜，悼庶	
端王載均，定庶	歸德端惠王載壗，恭庶五子，嘉靖二十八年封。萬曆十八年薨。無子，除。
莊王翊鎮，端嫡	

庶七子，天順元年封。成化十三年就藩長沙府。嘉靖六年薨。

初封常山王，改封世子。正德五年薨。以子厚煟襲封，追封王，諡曰悼。

一子，嘉靖八年襲封。十八年薨。

一子，初封光化王，嘉靖十九年襲封。四十年薨。

二子，嘉靖四十二年襲封。隆慶四年薨。無子。

宣王翊鑾，端庶一子，初封龍陽王，隆慶六年進封。萬曆

常淳，宣庶一子，萬曆九年封世子。四十六年未襲薨。

王由棟，常淳嫡一子，天啓元年襲封。崇禎九年薨。

王慈煃，〔一〕由棟嫡一子，崇禎十二年襲封。

四十六年薨。	長沙王翊鉦，端庶三子，嘉靖三十六年封，薨。	穀城昭憲王
	王常淠，翊鉦嫡一子，萬曆四年封長子。天啓元年襲封。	王

翊鋐，端庶四子，嘉靖三十八年封。萬曆二十年薨。	
常灩，昭憲嫡一子，萬曆八年封長子。二十四年襲封。	**德化**王 常汶，宣嫡二子，萬曆二十四年

福清王常瀫，宣王嫡三子，萬曆二十四年以鎮國將軍加封。

以鎮國將軍加封。

忻 穆王見治，英宗庶八子，成化二年封。八年薨。無子，封除。	徽 莊王見沛，英宗庶九子，成化二
	簡王祐檯，莊庶一子，弘治十三
	恭王厚爝，簡庶一子，嘉靖五年
	載埨，恭庶二子，初封浦成王，嘉

年封。十七年就藩鈞州。正德元年薨。	
年以興化王改封世子。正德三年襲封。嘉靖四年薨。	太和 端僖王祐櫏，莊庶二子，弘治五年封。嘉
以安邑王改封世子。本年襲封。二十九年薨。	靖安王厚炬，端僖庶一子，嘉靖十九年
靖三十年襲封。三十五年罪降庶人，發高牆，除。	恭莊王載壐，靖安嫡一子，萬曆十五年
	王翊鈃，恭莊庶一子，萬曆二十三

靖十五年薨。	遂昌 恭惠王祐櫍，莊庶三子，弘治十二年封。嘉靖三十年薨。
襲封。萬曆六年薨。	厚熑，恭惠嫡一子，嘉靖二年封長子。二十四年卒。
襲封。三十六年薨。	王載埄，厚熑庶一子，嘉靖三十八年襲封。四十二年薨。無
年封長子。三十九年襲封。	

	景寧 恭裕王祐椀，莊庶四子，弘治十二年封。嘉靖十五年薨。	建德 康和王祐槿，莊
	莊僖王厚焮，恭裕庶一子，嘉靖十九年襲封。三十四年薨。	安簡王厚烇，康
子，除。	載墋，莊僖庶一子，嘉靖三十八年襲封。隆慶三年罪降庶人，除。	恭穆王載埭，安
		王翊鋐，恭
		王常澐，翊

庶五子，正德元年封。嘉靖十四年薨。	陽城 恭僖王祐櫟，莊庶六子，正德六年封。嘉
和嫡一子，嘉靖十九年襲封。隆慶六年薨。	懿簡王厚爦，恭僖嫡一子，嘉靖四十二
簡庶一子，萬曆四年襲封。二十四年薨。	王載坣，懿簡嫡二子，初封鎮國將
穆庶一子，萬曆二十七年襲封。四十三年薨。	王翊鉦，載坣嫡一子，萬曆四十四
鉱嫡一子，萬曆四十二年封長子。四十六年襲封，薨。	

靖三十八年薨。	
年襲封。 萬曆三年薨。	嘉定 宣惠王厚焍，簡庶四子，正德十六年封。
軍，以兄長子載⿰土常罪降庶人。萬曆三十七年襲封，薨。	恭順王載端，宣惠庶一子，嘉靖三十八
年封長子旣而襲封。	

嘉靖三十三年薨。	**新昌** 端僖王厚熿，簡庶三子，嘉靖元年封。隆慶五年薨。	**慶雲** 康僖王
年襲封。萬曆二年薨。	王載墇，端僖嫡一子，萬曆中襲封。	莊靖王

厚燦，簡庶四子，嘉靖四年封。十五年薨。	隆平悼康王厚焴，簡庶五子，嘉靖七年封。九
載壂，康僖嫡一子，嘉靖二十六年襲封。三十七年薨。	

年薨。無子，除。

伍城恭和王

載埻，恭庶一子，嘉靖十六年封。二十一年薨。無子，除。

太康王

載垙，恭庶三子，嘉靖十七年封。萬曆十二年薨。	陽夏王 載埑，恭庶四子，嘉靖十七年封。萬曆二

十一年薨。	德平王載塛，恭庶五子，嘉靖十九年封。萬曆三十八年薨。	滎陽 裕安王
	王翊鐇，載塛庶一子，萬曆三十五年封長子，既而襲封。	王
		王

載堦，恭庶六子，嘉靖十九年封。萬曆十五年薨。	懷慶莊惠王載墍，恭庶七子，嘉靖三十二年
翊銘，裕安庶一子，萬曆二十年襲封。三十年薨。	
常漎，翊銘嫡一子，萬曆三十年封長子。三十四年襲封。	

封。萬曆元年薨。	咸平 溫裕王載塔，恭庶八子，嘉靖三十二年封。萬曆三十三年薨。	延津 端惠王
	翊鏌，溫裕庶一子，萬曆四年封長子。十六年未襲卒。	王
	王 常鰲，翊鏌庶一子，萬曆三十六年襲封。	王

	孟津昭順王
載埧，恭庶九子，嘉靖三十三年封。萬曆七年薨。	載埁，恭庶十子，嘉靖四十年封。
翊錚，端惠嫡一子，萬曆二十七年襲封，薨。	王翊鏤，昭順庶一子，萬曆三十四
常滄，翊錚嫡一子，萬曆四十三年封長子，既而襲封。	

萬曆三十七年薨。	上蔡 溫裕王載坺，恭庶十一子，嘉靖四十年封。萬曆三十三年薨。
年封長子。四十年襲封。	昭敬王翊鎭，溫裕嫡一子，萬曆十六年封長子。三十五年襲封。三十八
	王常渲，昭敬嫡一子，萬曆三十八年封長子。四十一年襲封。

年薨。	安陽翊錡，載埨庶一子，嘉靖中封。三十五年，罪降庶人，除。	萬善翊鈁，載埨庶二子，嘉靖

中封。三十五年，罪降庶人，除。

憲宗十四子。孝宗外，悼恭太子及他皇子俱未名殤。其得封者十王，曰興獻王祐杬，曰岐惠王祐棆，曰益端王祐檳，曰衡恭王祐楎，曰雍靖王祐枟，曰壽定王祐榰，曰汝安王祐梈，曰涇簡王祐橓，曰榮莊王祐樞，曰申懿王祐楷。

興

獻王祐杬，憲宗庶四子，成化二

十三年封。弘治七年就藩安陸州。正德十四年薨。後以子嗣大統，追尊獻皇帝，廟號睿宗。

岐

惠王祐棆，憲宗嫡五子，成化二十三年封。弘治八年就藩德安府。十四年薨。無子，封除。

益

端王祐楧，憲宗庶六子，成化二十三年封。弘治八年就藩建昌府。嘉靖十八年薨。	
莊王厚燁，端嫡一子，嘉靖二十年襲封。三十五年薨。無子。	恭王厚炫，端嫡二子，初封崇仁王，嘉靖
	載增，恭嫡一子，嘉靖八年封崇仁王長
	宣王翊釗，昭嫡一子，萬曆八年襲封。三
	敬王常遷，宣嫡二子，萬曆九年封世子。
	王由本，敬庶三子，萬曆三十五年以

三十六年進封。萬曆五年薨。
子。二十五年卒。以子翊鉹襲封，追封王，諡曰昭。
十一年薨。
三十三年襲封。四十三年薨。
鎮國將軍進封嘉善王。三十九年改封世子。四十五年襲封。

金谿
莊惠王厚煌，端庶三子，正德十
榮靖王載𡌴，莊惠庶一子，嘉靖
恭憲王翊鑠，榮靖嫡一子，隆慶
王常滁，恭憲嫡一子，萬曆
王由櫺，常滁嫡一子，萬曆

二年封。嘉靖二十九年薨。	玉山恭安王厚燷，端庶四子，正德十三年封。嘉靖三十一年
三十三年襲封。三十九年薨。	
五年襲封。萬曆十六年薨。	
十九年襲封，薨。	
三十六年封長子。天啓元年襲封。	

薨。無子，除。

安東王	載壎，恭王嫡二子，嘉靖三十八年封。萬曆三十九年薨。
	翊鏃，載壎嫡二子，以兄長子翊殀，萬曆九年以鎮國將軍改封長子。三十三
王	常溰，翊鏃庶一子，萬曆三十九年封長孫。四十三年襲封。

	舒城康簡王載坑，恭嫡三子，嘉靖三十八年封。萬曆六年薨。
年卒。	懷莊王翊鋃，康簡庶一子，嘉靖四十年封長子。萬曆九年襲封。十一年薨。
	王常泔，懷莊庶一子，萬曆十四年襲封。三十八年薨。
	王由櫂，常泔嫡一子，萬曆三十八年封長子。四十三年襲封。

阜平懿簡王載㙫，恭嫡四子，嘉靖三十八年封。萬曆十年薨。	銅陵恭簡王載壤，恭嫡五子，
王翊鋋，懿簡嫡一子，萬曆十三年襲封，薨。	端僖王翊鉦，恭簡嫡一
王常瀏，翊鋋庶一子，萬曆十八年封長子，既而襲封。	王常㳥，端僖嫡一
	王由𣝌，常㳥嫡一

嘉靖三十八年封。三十九年薨。		
子，嘉靖四十四年襲封。萬曆六年薨。		
子，萬曆十九年襲封，薨。	黎丘莊懿王常溱，宣嫡三子，萬曆九年封，薨。	浦陽肅安王
子，萬曆二十九年封長子，既而襲封。		王

常漿，宣嫡四子，萬曆九年封。二十九年薨。	淳河懷僖王常汭，宣嫡五子，萬曆九年封。二十年薨。
由椮，肅安庶一子，天啓元年襲封。	王由栻，懷僖嫡一子，萬曆三十年襲封。

華山王常汛，宣嫡六子，萬曆九年封，薨。	筠谿王常湫，宣嫡八子，
王由樓，常汛嫡一子，萬曆三十二年封長子，既而襲封。	

萬曆九年封，薨。	羅川 懿王 常湑，宣嫡九子，萬曆九年封。二十九年薨。	安仁 昭憲王 常滐，宣
	王 由枟，懿嫡一子，萬曆三十一年襲封。	王 由棅，昭

嫡十子，萬曆九年封。二十九年薨。	德化王常淦，宣嫡十一子，萬曆十八年
憲嫡一子，萬曆二十九年封長子。三十三年襲封。	王由楬，常淦嫡一子，萬曆三十八

封，薨。	德安王常洞，宣嫡十二子，萬曆二十三年封，薨。	鄖西
年封長子，既而襲封。	王由柄，常洞嫡一子，萬曆三十一年封長子，既而襲封。	

王　常湖，宣庶十三子，萬曆二十五年封，薨。	豐城王　常淓，宣庶十四子，萬曆二十八年封，薨。

瀘溪王常淄，宣庶十五子，萬曆二十九年封，薨。	峽江王常渪，宣庶十六子，萬曆三十年封。

封。四十二年薨。無子，除。	安義王常澲，宣庶十七子，萬曆三十一年封，薨。	新建王常泫，宣

庶十八子，萬曆三十四年封，薨。

奉新王 常漣，宣庶十九子，萬曆三十四年封。

仁化王

王

由條，敬庶四子，萬曆三十五年以鎮國將軍進封，薨。	興安王　由橦，敬庶五子，萬曆三十五年
慈魶，由條嫡一子，天啓二年襲封。	

以鎮國將軍進封。

和順王

由棟，敬庶八子，萬曆三十五年以鎮國將軍進封。

永寧

王

由槵，敬庶十子，萬曆三十九年封。

嘉祥王

由樫，敬庶十一子，萬曆四十年封。

衡

恭王祐楎，憲宗庶七子，成化二十三年封。弘治十三年就藩青州府。嘉靖十七年薨。

莊王厚燆，恭庶一子，初封江華王，嘉靖十年改封世子。十九年襲封。隆慶六年薨。

康王載圭，莊庶二子，初封東昌王，嘉靖二十七年改封世子。萬曆三年襲封。七年薨。無子。

	玉田懷簡王厚煋，恭庶二子，嘉靖元
安王載封，莊庶三子，初封武定王，萬曆九年進封。十四年薨。	王載塘，懷簡嫡一子，嘉靖
定王翊鏤，安嫡一子，萬曆十七年襲封。二十年薨。	王翊鍵，載塘庶一子，萬曆
王常漶，定庶一子，萬曆八年封世子。二十四年襲封。	

年封。二十二年薨。	新樂端惠王厚熑，恭庶三子，嘉靖三年封。三十二年薨。
二十六年襲封。萬曆四十三年薨。	康憲王載璽，端惠嫡一子，嘉靖三十六年襲封。萬曆二
十六年封長子，既而襲封。	王翊鎔，康憲嫡一子，萬曆二十四年襲封。四十二

高唐 端裕王厚煐，恭庶四子，嘉靖中封。萬曆十一年薨。	
載堺，端裕嫡一子，嘉靖三十八年封長子。萬曆二年卒。以子翊鏤襲封，追封王，	十一年薨。
王 翊鏤，恭和庶一子，萬曆十六年襲封。四十年薨。	年薨。無子，除。
王 常澤，翊鏤嫡一子，萬曆三十二年封長子。四十六年襲封。	

	齊東溫惠王厚炳，恭庶五子，嘉靖九年封。三十七年薨。	邵陵王厚熣，恭
謚恭和。	安和王載垢，溫惠庶一子，嘉靖四十一年襲封。隆慶六年薨。	載增，厚熣嫡一
	王翊鑭，安和嫡一子，萬曆三年襲封，薨。	王翊鋠，載
	王常泛，翊鑭嫡一子，萬曆二十五年封長子，既而襲封。	王常溙，翊

庶六子，嘉靖十八年封。萬曆十八年薨。	漢陽溫惠王厚㷣，恭庶七子，嘉靖三十五年封。萬曆
子，嘉靖三十八年封長子。萬曆十一年卒。	載塵，溫惠嫡一子，隆慶三年封長子。萬曆十一
增嫡一子，萬曆九年封長孫。三十四年襲封，薨。	
鋠庶一子，萬曆三十五年封長子，既而襲封。	

十年薨。		
年卒。無子，除。	平度 康惠王載埗，莊庶四子，嘉靖二十四年封。隆慶五年薨。	寧陽
	王翊鏉，康惠庶一子，萬曆五年襲封。二十八年薨。	
	王常湍，翊鏉嫡一子，萬曆二十八年封長子。三十二年襲封。	

王 載埅，莊庶五子，嘉靖二十五年封，薨。	昌樂王 載埴，莊庶六子，嘉靖二
王 翊鐓，載埅庶一子，萬曆三十九年封長子，既而襲封。	

十六年封。隆慶六年薨。無子，除。	壽張王 載塲，莊庶七子，嘉靖二十九年封。三十四年薨。無子，除。

商河康順王載墉，莊王庶八子，嘉靖三十五年封。萬曆二十三年薨。
王翊鏝，康順嫡一子，萬曆二年封長子。十五年襲封。四十四年薨。無子，除。

雍

靖王祐橒，憲宗嫡八子，成化二十三年封。弘治十二年就藩衡州府。正德二年薨。無子，封除。

壽

定王祐橏，憲宗庶九子，弘治四年封。十一年就藩保寧府。十七年移德安府。〔三〕嘉靖二十四年

薨。無子，封除。	汝安王祐梈，憲宗庶十一子，弘治四年封。十四年就藩衛輝府。嘉靖二十年薨。無

子，封除。

涇

簡王祐橓，憲宗庶十二子，弘治四年封。十五年就藩沂州。嘉靖十六年薨。無子，封除。

榮	
莊王祐樞，憲宗庶十三子，弘治四年封。正德三年就藩常德府。嘉靖十八年薨。	
厚勳，莊王嫡一子，正德十年封世子。嘉靖十一年薨。以子載墐襲封，追封王，謚曰懷。	福寧
恭王載墐，懷王嫡一子，嘉靖十九年襲封。萬曆二十三年薨。	
王翊鈐，恭王嫡一子，萬曆二十六年襲封。四十年薨。	
王常湲，翊鈐嫡一子，萬曆九年封長孫。二十六年改封世子。四十二年襲封，薨。	
憲王由枵，常湲嫡二子，萬曆三十年封世孫。四十四年改封世子，既而襲封。	

懷僖王厚熹，莊嫡二子，正德十年封。嘉靖十四年薨。無子，除。	惠安康和王厚煦，莊嫡三子，嘉靖元
	宣懿王載墊，康和嫡一子，嘉靖
	王翊鏕，宣懿庶一子，隆慶

年封，二十三年薨。	永春 榮簡王厚烈，莊庶四子，嘉靖八年封。萬曆十六年薨。
二十七年襲封。四十二年薨。	載垍，榮簡庶一子，隆慶五年封長子。萬曆十六年卒。無子，除。
六年襲封。萬曆四十二年薨。	

富城康定王厚然，莊庶五子，嘉靖十年封。萬曆四年薨。	貴溪端靖王
王載壔，康定嫡一子，嘉靖二十八年封長子。萬曆七年襲封。三十九年薨。	載埤，端
王翊鎬，載壔庶一子，萬曆十六年封長子。四十三年襲封。	

厚覔，莊庶六子，嘉靖十年封。萬曆九年薨。

靖嫡一子，嘉靖二十九年封長子。三十一年卒。無子。

王

載坧，端靖嫡三子，萬曆三十三年以鎮

國將軍進封。

肇慶王由楨，常瀛嫡五子，天啓六年封。

申懿王祐楷，憲宗庶十四子，弘治

四年封，建邸敍州府。十六年未就藩，薨。無子，封除。											

世宗八子。穆宗外，哀沖、莊敬二太子及他皇子俱殤。其得封者一王，曰景恭王載圳。

景											
恭王載圳，世宗											

庶四子，嘉靖十八年封。四十年就藩德安府。四十四年薨。無子，封除。

穆宗四子。神宗外，憲懷太子及他皇子殤。其得封者一王，曰潞簡王翊鏐。

潞
簡王翊
王常

鏐，穆宗嫡四子，隆慶五年封。萬曆十七年就藩衞輝府。四十二年薨。

淓，簡庶一子，萬曆四十六年襲封。後以國亡，寓杭州。大清順治二年六月，王師至，遂降。

寶豐王

常溓，簡庶二子，天啓三年封。

神宗八子。光宗外，三子未封。其得封者四王，曰福恭王常洵，曰瑞王常浩，曰惠王常潤，曰桂端王常瀛。

福

恭王常洵，神宗庶三子，萬曆二十九年

由崧，恭庶一子，萬曆四十五年封德昌

封。四十二年就藩河南府。崇禎十四年正月，闖賊陷洛陽，遇害。

王。崇禎十六年襲封。十七年，闖賊陷京師，五月自立於南京，僭號弘光。大清順治二年五月，王師渡江，被執。

穎上王由渠，恭王庶二子，萬曆中封。崇禎十四年正月與恭王同遇害。

瑞王常

浩，神宗庶五子，萬曆二十九年封。天啓七年就藩漢中府。崇禎十七年，張獻忠陷重慶，遇害。	惠

王常潤，神宗庶六子，萬曆二十九年封。天啓七年就藩荆州府。崇禎末，奔廣州府。大清順治三年，廣

東平，被執，死。	桂端王常瀛，神宗庶七子，萬曆二十九年封。天啓七年就藩衡州府。崇禎十六年，
	由樱，端嫡三子，初封安仁王。唐王聿鍵自立，僞封爲桂王。大清順治三年，卒於

獻賊陷衡州，王由永州入廣西，寄居蒼梧。十七年薨。	梧州。無子。由榔，端嫡四子，初封永明王。大清順治三年，福建平，由榔自立於肇慶，僭號永曆。是冬，

王師度嶺，由郴走廣西，自是走貴州，又走雲南，遂入緬甸。十八年冬，王師至，緬人獻之。明年，殺諸雲南。

莊烈帝七子。獻愍太子慈烺外，嫡第二子，庶第五子、第六子、第七子俱殤。〔三〕其封而未建藩邸者二王，曰定哀王慈炯，曰永悼王慈炤。

定

哀王慈炯，莊烈帝嫡三子，崇禎十四年封，未建藩邸。十七年，闖賊陷京師，被執，

不知所終。	永悼王慈炤，莊烈帝庶四子，崇禎十五年封，未建藩邸。十七年，闖賊陷京師，被執，

不知所終。

校勘記

〔一〕王慈煃　慈煃，原脫「煃」字，據本書卷一一九吉王見浚傳補。

〔二〕十七年移德安府　十七年，即弘治十七年，本書卷一一九壽王祐榰傳、明史稿傳六壽定王祐榰傳都作「正德元年」。

〔三〕莊烈帝七子至第七子俱殤　七子，原作「六子」，原脫「第七子」三字。本書卷一二〇莊烈帝諸子傳作「莊烈帝七子」，「第七子生三歲殤」。據改補。

明史卷一百五

表第六

功臣世表一

自昔帝王受命，驅策羣力，以有天下。迨區宇既寧，疇庸論功，列爵崇報，一時攀鱗附翼之士，奮起兜牟之中，剖符析珪，爰及苗裔，德意厚矣。唐、宋以來，稍異曩制。房、喬遠勢，首讓世封，是以英、衞子孫，齒於甿隸。而宋代勳階祇崇虛號，祖孫父子各擬名邦，初無世及之文，非復承家之舊。至明祖開基，乃曠然復古。凡熊羆之宿將，帷幄之謀臣，生著號而歿襲封，茅土之頒，殆逾百數。馴及季年，黨獄蔓延，剗削芟殊，存者不及三四。然觀鐵榜所列，訓誡之辭，則河山之誓，白馬之盟，初意固不其然。高危滿溢，亦其自取焉耳。乃若文皇差「靖難」之勞，英宗懋「奪門」之賞，跡參佐命，籍次元功，以視開國諸臣，亦曷可同年而語乎！世宗中葉，開册府之舊藏，修繼絕之鉅典，於是鄂、曹、衞、信之裔，復列徹侯，延其世緒，天下翕然歸厚。雖宋、潁、韓、淇終於剿絕，而自餘推誠宣力、名載丹書者，奕葉貂蟬，保守祿位，典宿衞，領京營，鎮陪京，督漕運，寄隆方岳，階晉公孤，家分典瑞之榮，朝無酎金之罰，較諸西京世冑，殆將過之。今考其襲替歲月見於實錄者，作功臣表，以與紀傳相表裏。或柢牾散軼，時世無可考稽，則略而不書，固史氏闕文之義云爾。

始封	子	孫	曾孫	五世	六世	七世	八世	九世	十世	十一世	十二世	十三世
魏國公 徐達 吳元年九月辛丑以平吳功，封信國公。	輝祖 洪武二十一年十月丙寅襲，領中軍都	欽 永樂五年七月辛巳襲。十九年正月壬	顯宗 洪熙元年三月戊寅襲。正統十三年卒。									

洪武三年十一月丙申大封功臣，進封奉天開國推誠宣力武臣魏國公，〔一〕祿五千石，世襲。十八年二	督府。建文初，加太子太傅。文帝即位，削爵。永樂五年卒。	辰削爵。二十二年十月乙巳復。是年十一月庚子卒。	承宗 正統十三年七月戊子襲，領前府。天順七年十二月庚寅卒。	俌 成化元年襲。弘治九年守備南京。正德五年七月加太子太傅。十二年七月丙戌卒。諡莊靖。

鵬舉 正德十三年十一月癸亥襲，守備南京，兼中府僉書。嘉靖四年加太子太保，領中府。十七年四	邦瑞 隆慶六年四月丙寅襲。萬曆二年，南京中府僉書。十七年卒。	維志 一作繼志，萬曆十七年九月丙寅襲。十九年正月己酉協守南京兼領後府。二十一年八月癸	弘基 萬曆二十三年七月己亥襲，僉書南京軍府。三十五年協守南京，領後府。三十七年四月提督	文爵 崇禎末襲。		

月己未卒。追封中山王，諡武寧。達初封公，位次第二。李善長得罪，進位第一。
月壬戌守備南京。隆慶五年二月辛丑卒。
未卒。
操江。天啓元年，以疾辭任，加太子太保。崇禎十四年復守南京，加太傅。卒諡莊武。

鄂國公 常遇春 吳元年九月辛丑封。洪武二年七月己亥卒於軍。十月庚午追封奉天
茂 洪武三年十一月大封功臣，第三，封鄭國公，祿三千石，世襲。二十年九月丁酉

		翊運推誠宣德靖遠功臣開平王，諡忠武。
昇	洪武二十一年十月丙寅改封開國公，加太子	有罪，安置龍州。二十四年卒。
繼祖	永樂元年安置雲南。	
寧		
復	弘治五年授世襲南京錦衣衛指揮使。	
經		
鳳		
玄振	嘉靖十一年四月辛卯續封懷遠侯，祿千石，世	懷遠侯
文濟	一作文清，嘉靖二十八年十月丙午襲。嘉靖三	
胤緒	萬曆九年八月壬寅襲，累領南京軍府。崇禎三	
明良		
延齡	崇禎末襲。	

	韓國公李善長吳元年
太保。死永樂初。	
襲。十四年領南京後府。二十八年卒。	
十四年領南京前府。隆慶二年二月僉事中府。萬曆八年卒。	
年十月加太子太師。十三年五月卒。	

九月辛丑封宣國公。洪武三年十一月丙申大封功臣，第一，封開國輔運推誠守正文臣韓國公，祿四

千石，世襲。二十三年五月乙卯坐胡黨死，爵除。崇禎二年七月癸巳，裔孫世選以太祖手敕進，有「二百六十春，應期來奏」之語。大學士韓爌劾其誣，下獄論死，已獲釋。

曹國公李文忠

景隆　洪武十

璿　弘治五

濂

臨淮侯性　嘉靖十

洪武三年大封功臣，第四，封奉天開國輔運推誠宣力武臣曹國公，祿三千石，世襲。十七年三月戊戌

九年四月丁酉襲。惠帝時征燕，爲大將軍。文帝卽位，九月以降附功，加祿千石。永樂二年削爵禁錮。

年授南京錦衣衛指揮使，世襲。

沂　嘉靖十三年襲，

一年四月辛卯續封臨淮侯，祿千石，世襲。十三年閏二月乙巳卒，無子，叔沂襲。

庭竹　嘉靖十五年十

言恭　萬曆三年十月

宗城　以使朝鮮逃歸，

邦鎮　萬曆三十八年

弘濟　崇禎十二年七

獲譴，卒。追封岐陽王，諡武靖。

僉書南京軍府。十五年卒。

二月丙申襲。十八年鎮湖廣。二十八年三月己丑提督操江，屢領南京軍府。隆慶五年二月守備南京。

甲午襲。四年，中府僉書，加少傅。十四年二月戊寅總督京營。二十年七月庚午加少保。二十七年卒。

論死，不得襲。

四月甲申襲。四十年十二月甲辰掌府軍前衞。天啓二年卒。

月甲戌以臨淮侯遣代祭，餘無考。

宋國公	馮勝 洪武三年大封功臣，第五，封宋國公，祿三千石，世襲。二十八年
萬曆三年卒。	

二月丁卯賜死，爵除。	衞國公	鄧愈	洪武三年大封功臣，第六，封衞國公，祿三千石，世襲。十
		鎮	洪武十三年三月丙申襲，改封申國公，坐李善長親黨
		源	鎮弟銘子，爲鎮後。
		梃	
		炳	弘治五年授錦衣衞指揮使，世襲。
	定遠侯	繼坤	嘉靖十一年四月辛卯續封定遠侯，祿千石，世襲。十五
		祖錫	嘉靖三十六年三月壬午襲。三十八年四月癸亥卒。
		世棟	隆慶六年三月戊戌襲。萬曆二年四月管紅盔將軍。四
		紹煜	煜。一作遠萬曆二十五年十二月辛酉襲，南京軍府僉
		文明	崇禎元年二月庚子襲。十七年三月，城陷，死於賊。

信國公	湯和	洪武三年大封功臣，第七，封開國輔運	年十一月癸未卒，追封寧河王，謚武順。
	鼎	早卒，贈信世子。	死。
	晟		
	文瑜		
	倫		
靈璧侯	紹宗	弘治五年授南京錦衣衛指揮使，世襲。	年六月領後府。三十五年卒。
	佑賢	嘉靖十四年七月襲，僉南京軍府。二	
	世隆	嘉靖三十九年十月己亥襲。隆慶間，協	
	之誥	萬曆十五年二月庚辰襲，領前府。三十	年，後府僉書。十六年卒。
	國祚	萬曆四十年八月壬戌襲。崇禎三年九	書。天啓七年卒。

推誠宣力武臣中山侯，祿一千五百石。七年八月乙卯，加祿千石。十一年正月己卯進封信國公，祿三

嘉靖十一年四月辛卯續封靈璧侯，祿千石，世襲。

十九年八月癸亥卒。

守南京，領後府，改提督漕運，累進少保。萬曆十四年卒。謚僖敏。

五年九月己亥卒。

月甲辰加太子太保。

國祥

文瓊以上二世，襲年無考。崇禎中俱嘗以侯遣祭。

千石，世襲。二十八年八月戊辰卒。追封東甌王，謚襄武。

延安侯

唐勝宗

洪武三年十一

月封，第八，勳祿同前。七年八月乙卯加祿千石，坐事削爵。久之還爵。二十三年坐胡黨誅，爵除。

吉安侯陸仲亨	洪武三年十一月封，第九，勳祿同前。七年八月加祿千石，與唐勝宗同	

削爵，已同復。二十三年坐黨誅，爵除。

江夏侯周德興

洪武三年十一月封，第十，勳祿

淮安侯華雲龍 洪武三	同前。七年八月加祿千石。二十五年八月己未以罪誅，爵除。
中 洪武九 年十一	

濟寧侯	顧時	洪武三	年十一月封，第十一，勳祿同前。七年六月癸亥自北平召還，道卒。
	敬	洪武十	月庚寅襲。坐貶死，追論胡黨，除。

年十一月封，第十二，勳祿同前。七年八月加祿千石。十二年十一月甲寅卒。追封滕國公，謚襄靖。

二年襲，後除。

長興侯耿炳文洪武三年十一月封，第十三，勳祿同前。七年八月加祿千石。永樂二年以嫌自殺，除。

臨江。

侯

陳德

洪武三年十一月封第十四，勳祿同前。七年八月加祿千石。十

鏞

洪武十四年五月壬子襲。二十年六月庚子從征納哈出，卒於

一年十一月壬辰卒。追封杞國公，謚定襄。

軍，已，坐胡黨除。

鞏昌侯

郭興一名子興，洪武三年十一月封，

振洪武二十二年十月辛酉襲，坐

第十五，胡黨除。

勳祿同前。七年八月加祿千石。十七年十一月癸酉卒。追封陝國公，諡宣武。

六安

侯

王志

洪武三年十一月封，第十六，勳號同前，祿九百石。七年八月加祿至二千五百石。十九年八月

威

洪武二十二年十月辛酉襲。二十三年坐事謫指揮使。卒，追坐胡黨除。

己亥卒。追封許國公，謚襄簡。	滎陽侯鄭遇春　洪武三年十一月封，第十七，勳祿、加祿

皆同王志。二十三年坐胡黨死，除。	平涼侯費聚 洪武三年十一月封，第十八，勳號同前，

祿一千五百石。七年八月加祿千石。坐胡黨死，除。	江陰侯 吳良 洪武三年十一月封，第
	高 洪武十七年五月辛酉

十九，勳號同前，祿一千五百石。七年八月加祿千石。十四年十一月丁未卒。追封江國公，謚襄烈。

襲。二十八年坐事謫廣西，已，召還。建文時，以被間再謫。文帝即位，召守大同。永樂十二年十月以罪免，卒，除。

靖海侯

吳禎　洪武三年十一月封，第二十，勳祿、加祿同吳良。十二年卒。追封海國公，

忠　洪武十七年五月襲。二十三年追論禎胡黨，死，除。

諡襄毅。	南雄侯 趙庸 洪武三年十一月封，第二十一，勳祿、加祿同前。二十三年坐胡黨死，除。

德慶侯	廖永忠	洪武三年十一月封第二十二，勳祿、加祿同前。八年三月甲申卒。
	權	洪武十三年四月庚寅襲。十七年四月癸巳卒。

南安侯	俞通源	洪武三年十一月封，第二十三，勳祿、加祿同前。二十二年三月戊戌卒。

明年附黨事發，以死不問，爵除。	廣德 侯 華高 洪武三年十一月封，第二十四，勳號同前，祿六

百石。四年四月乙未卒。追封巢國公，謚武莊。無子，爵除。

營陽侯

楊璟

洪武三年十一月封，第

通

洪武十七年十一月丁

二十五，勳號同前，祿一千五百石。七年加祿千石。十五年八月乙巳卒。追封芮國公，謚武信。
酉襲。二十年降指揮使，已，追坐璟胡黨，除。

蘄國公	
康茂才	鐸
洪武三年八月己未卒於軍。追封推忠翊運宣力懷遠功臣蘄國公，謚	洪武三年十一月封蘄春侯，位次第二十六，勳祿、加祿同楊璟。十五年七月丙

武康。	永嘉侯朱亮祖 洪武三年十一
子卒，贈蘄國公，謚忠愍。子淵幼，優給，已獲譴卒，爵除。	

月封，第二十七，勳祿、加祿同楊璟。十三年九月庚寅坐罪死，爵除。

潁國公傅友德

洪武三年十一月封潁川侯，位次第二十八，勳祿同前。十七年四月辛卯進封潁國公，祿三千石，世襲。

二十七年十一月乙丑賜死，爵除。

臨川侯

胡美

洪武三年十一月封豫章侯，第二十九，

勳祿、加祿同楊璟。十三年四月乙丑改封臨川。十七年有罪賜死，爵除。

東平侯

韓政

洪武三

勳

洪武十

年十一月封，第三十，勳祿、加祿同前。十一年二月癸亥卒。〔三〕追封鄆國公。

九年十一月甲子襲。二十六年坐藍黨死，爵除。

宜春侯

黃彬

宣寧侯 曹良	洪武三年十一月封第三十一，勳祿、加祿同王志。二十三年坐胡黨死，爵除。
泰	

臣

洪武三年十一月封，第三十二，勳祿同王志。五年六月甲辰歿於陣。二十三年十月甲申追封

洪武六年五月乙巳襲。七年八月加祿至二千五百石。二十六年坐藍黨死，爵除。

諡忠壯。安國公，	汝南侯梅思祖　洪武三年十一月封，第三十三，勳祿、加祿同王志。十五

年十月壬午卒。已，坐胡黨除。	河南侯陸聚 洪武三年十一月封，第三十四，勳祿、加祿同前。

巳，坐胡黨死，除。	忠勤伯汪廣洋　洪武三年十一月以文臣封，祿三百六十石。七年八月

加祿至一千九百石。十二年貶死。

誠意伯

劉基　洪武三年十一月封開國翊運守正文

璉

廌　洪武二十四年三月辛丑襲，增祿至五

法

柜

曇

祿　景泰三年授世襲五經博士。

瑜　弘治十三年詔授處州衛指揮使。嘉靖

世延　嘉靖二十八年二月癸丑襲，屢領南京

藎臣　萬曆三十六年五月乙卯襲。天啓元年

孔昭　天啓三年七月辛亥襲。六年三月僉書

臣誠意伯，祿二百四十石。八年四月丁巳卒。二十三年予世襲。正德八年十二月追贈太師，謚文成。

百石。二十五年謫戍，赦還。永樂間卒。

十一年六月甲申續封誠意伯，祿七百石。十二年四月僉書中軍都督府。十三年領南京前府。十五年

軍府，後以罪廢。隆慶二年復。萬曆三十四年坐罪論死，卒。

甲申領南京右府。

右府。崇禎中累進少保。十一年領南京右府提督操江兼巡江防。

	永城侯 薛顯 洪武三年十二月戊辰封。以罪安置海南。已，召
提督操江。二十年七月卒。	

還，給祿一千五百石。二十年九月癸巳卒於軍。追封永國公，謚桓襄。無子。後追論胡黨，以死不究，除。

西平 侯 沐英 洪武十年十月戊午封，祿二千五百石，世襲。二十五年六月丁卯卒於雲南。十

春 洪武二十五年十月乙亥襲，鎭雲南。三十一年卒。謚惠襄。 昂 景泰中

誠

月己巳追封黔寧王，諡昭靖。

贈定邊伯。黔國公

晟　洪武三十一年襲侯。永樂六年七月以征安南功，進封公，祿三

斌　正統五年襲。景泰元年十月卒。諡榮康。

琮　成化元年八月己亥襲。十九年加太子太傅。弘治九年九月庚

崑　誠子。弘治十年十月己卯襲。正德七年加太子太傅。十四年六

紹勛　正德十六年二月甲午襲。嘉靖七年加太子太傅。十五年卒。贈

朝輔　嘉靖十五年十二月乙亥襲，加太子太保。二十六年六月庚子

融　嘉靖二十六年閏九月甲辰襲。二十八年卒。

鞏　嘉靖二

千石，世襲，世鎮雲南。仁宗即位，加太傅，支二俸。正統四年三月丁卯卒。追封定遠王，謚忠敬。

戊卒。謚武僖。無子。

月卒。追贈太師，謚莊襄。

太師，謚敏靖。

卒。謚恭僖。

朝弼　嘉靖三十三年三月癸丑襲。隆慶四年削爵，論死。

十八年十月庚辰襲。夭，叔朝弼襲。

昌祚　隆慶五年二月丁酉襲。萬曆十二年九月戊寅加太子

叡　萬曆二十三年襲。三十七年九月丁酉死於獄。

啓元　天啓五年三月丁卯襲。崇禎元年六月己亥卒。

天波　崇禎元年十二月甲辰襲。七年八月甲寅加太子太保。

安慶侯 仇成	
正	
	太保。二十三年八月以病免，子叡襲。三十七年，叡以罪廢，復襲爵。天啓五年卒。
	明亡後，從永明王入緬，死於難。

洪武十二年十一月甲午封，祿二千石，世襲指揮使。十七年四月壬午予世侯，加祿五百石。二十一年
洪武二十三年閏四月丙戌襲，以事除。

七月辛巳卒。追封皖國公，謚莊襄。	涼國公　藍玉　洪武十二年十一月甲午封永昌侯祿

襲同前。十七年四月壬午予世侯，加祿五百石。二十一年十二月壬戌進封公，加祿五百石。二十六年

二月乙酉謀反，伏誅。	永平侯謝成　洪武十二年十一月封，祿襲同仇成。二十六年坐累卒。

鳳翔侯	安陸侯
張龍 洪武十二年封，祿襲同前。後予世襲，加祿五百石。三十年卒。	
傑 建文時襲。永樂初除。	

吳復	洪武十二年封，祿襲同前。十六年十月己亥卒。追封黔國公，謚武毅，〔三〕加祿五百石，世襲。
傑	洪武十九年四月襲。建文中謫南寧衞指揮使，爵除。

宣德侯	金朝興 洪武十二年十一月封，祿襲同前。十五年七月丙子卒。明年追封沂國
	鎮 洪武十九年四月襲，以父朝興追坐胡黨，除。

懷遠侯曹興 洪武十二年十一月封，祿襲同前。二十	公，諡武毅。十七年予世襲，加祿五百石。

六年坐藍黨死，除。

靖寧侯

葉昇

洪武十二年十一月封，祿襲同前。二十五年八月丙子

坐胡黨誅。	景川侯 曹震 洪武十二年十一月封，祿襲同前。二十六年坐藍黨誅。

會寧侯	張溫	洪武十二年十一月封，祿襲同前。二十六年坐藍黨誅。
雄武侯	周武	

洪武十二年十一月封，祿襲同前。二十三年三月庚午卒。追封汝國公，謚勇襄。子興襲指揮同知。

定遠	侯	王弼	洪武十二年十一月封，祿襲同前。十七年四月加祿至二千五百石。二十七年

十二月乙亥卒。

崇山侯李新

洪武十五年十二月己卯封，祿一千五百石。二十八年九月戊戊以罪誅。

普定侯陳桓

洪武十七年四月壬午封，祿二千五百石，世襲。二十六年坐藍黨死，除。

東川侯胡海又名海洋，洪武十七年四月封，祿同前。二十四年七月丁亥卒，授其子指揮使。

武定侯	
郭英	興弟。洪武十七年四月封，祿二千五百石，世襲。永樂元年二月甲子
銘	
玹	永樂二十二年十一月襲。正統九年八月鎮宣府。十二年七月丙午卒。
昌	天順三年五月丁未襲。
良	弘治十五年四月癸丑襲。十一月坐劾勇營管操。正德二年六月戊子
勛	正德三年三月丙寅襲，鎮兩廣，屢兼軍府。四年八月，神機營管操。嘉靖
守乾	嘉靖二十九年三月壬辰襲，屢領軍府。三十九年四月丁酉卒。
大誠	嘉靖四十四年三月庚戌襲。四十五年五月管紅盔將軍。萬曆四年領
應麒	萬曆四十五年二月壬子襲，尋卒。
應麟	萬曆四十五年十一月
培民	崇禎初襲。三年九月甲

卒。追封營國公，謚威襄。
諸子以爭襲，停。
卒。
十八年進封翊國公，加太師，前後益祿四百石。二十年九月有罪下獄，〔四〕明年卒於獄。
南京右府。四十四年六月癸亥卒。
甲戌襲。崇禎元年卒。
辰加太子太保。十七年三月，城陷死。

鶴慶侯

張翼

洪武十七年四月封，祿同前。二十六年坐藍黨誅。

航海侯

張赫

洪武二十年十月戊申封，祿二千石，世襲。二十三年八月甲子卒。追封恩國公，

諡莊簡。子停襲。

舳艫侯

朱壽

洪武二十年十月封，祿同前。二十六年坐藍黨誅，除。

海西侯

納哈

察罕

出	洪武二十年九月以元降將封。二十一年七月辛丑卒於軍。	東莞伯	何眞 洪武二
	洪武二十一年八月襲，改封瀋陽侯。二十六年四月壬午坐藍黨誅，除。		榮 洪武二

十年七月封，祿一千五百石，世襲。二十一年三月己卯卒。

十一年四月乙巳襲。二十六年坐藍黨誅，除。

全寧

侯

孫恪

興祖子。

洪武二

十一年八月戊辰封，祿二千石，世襲。坐藍黨死，除。

樂浪公

濮英

洪武二十年閏六月庚

璵

洪武二十一年九月丙

申戰歿金山。追封金山侯，諡忠襄。二十一年七月進封公。〔五〕	徽先伯 桑敬 世傑子。
戌封西涼侯，祿二千五百石，世襲。二十六年追坐英藍黨，謫戍，除。	

洪武二十三年九月壬寅封，祿一千七百石，世襲。已，坐藍黨誅，除。

永定侯

張銓

洪武二

十三年十月甲申封，祿一千五百石，世襲指揮使。〔六〕

越巂侯

俞淵

洪武二十五年六月戊

午封，祿二千五百石，世襲。明年五月戊辰削爵，放還里。建文初，召還，戰歿白溝河。永樂初除。												

以上皆身受封，或不及封而子孫封者。其追贈封爵無世系可譜，別以五等爲次，具列

於左。

公	侯	伯	子	男
越國公胡大海 壬寅二月，金華死事。甲辰三月追封，謚武莊。	東丘郡侯花雲 庚子閏五月，太平死事。	天水郡伯趙天麟 癸卯，臨江死事。	盱眙縣子王清 鄱陽湖戰歿。	當塗縣男王愷 金華死事。
泗國公耿再成 壬寅二月，處州死事。初封高陽郡公，謚武壯。洪武十年四月改封。	高陽郡侯王鼎 同前。	隴西郡伯牛海龍 南昌戰歿。	羅山縣子王鳳顯 同前。	丹陽縣男孫炎 處州死事。
蔡國公張德勝 龍江戰歿。癸卯十月	太原郡侯許瑗 同前。	安定郡伯程國勝 鄱陽湖戰歿。	定遠縣子姜潤 同前。	合肥縣男徐明 南昌戰歿。
	太原郡侯王道同 處州死事。	太原郡伯王咬住 同前。	梁縣子石明 同前。	五河縣男王理 鄱陽湖戰歿。
	南陽郡侯葉琛 壬寅三月死祝康宗	縉雲郡伯胡深 吳元年取閩戰歿。洪武元年四月追封。	合肥縣子王德 同前。	舒城縣男王仁 同前。
			懷遠縣子常德勝	定遠縣男史德勝

追封，謚忠毅。
梁國公趙德勝
南昌死事。癸卯十月
追封，謚武桓。
濟陽郡公丁普郎
鄱陽湖戰歿。
河間郡公俞廷玉
甲辰十一月追封。
鄖國公廖永安
乙巳十月以使吳不
屈，遙封楚國公。丙午
七月卒於吳。謚武閔。
洪武十三年四月改

之難。
忠節侯張子明
癸卯六月，南昌死事。
高陽郡侯韓成
癸卯七月，鄱陽湖戰
歿。
潁上郡侯陳兆先
同前。
下邳郡侯余昶
同前。
潁川郡侯陳弼
同前。
東海郡侯徐公輔

康安郡伯孫虎
落馬河戰歿。
譙郡伯戴德
洪武四年二月卒。追
封，世襲指揮僉事。

同前。
含山縣子丁宇
同前。
廬江縣子汪澤
同前。
巢縣子陳沖
同前。
定遠縣子王喜仙
同前。
汝陽縣子逯德山
同前。
宣遠縣子裴軫
同前。

同前。
萬春縣男常惟德
同前。
含山縣男曹信
同前。
虹縣男鄭興
同前。
隋縣男羅世榮
同前。
洪武實錄所載南昌
死事有許圭、朱潛、張
德山、夏茂成、葉思誠
五人，鄱陽湖死事有

封。

東海郡公茅成
丙午十一月伐吳戰歿。

虢國公俞通海
廷玉子。吳元年四月卒於平江軍。追封豫國公。洪武三年改封，謚忠烈。

濟國公丁德興
吳元年卒於平江軍。洪武元年追封。

天水郡公嚴德

同前。

京兆郡侯宋貴
同前。

汝南郡侯昌文貴
同前。

隴西郡侯李信
同前。

太原郡侯王勝
同前。

清河郡侯李志高
同前。

隴西郡侯李繼先
南昌戰歿。

張志雄、劉義、朱鼎、袁華四人，凡九人，封爵無考。

吳元年九月討方國珍戰歿。洪武二年六月追封。

姑孰郡公陶安
洪武元年追封。

彭城郡侯劉齊
同前。

天水郡侯趙國旺
同前。

永義侯桑世傑
伐吳戰歿。癸卯十月追封。

燕山侯孫興祖
洪武三年北征戰歿。謚忠愍。

安遠侯蔡僊
洪武三年九月追封，謚武襄。

東勝侯汪興祖	洪武四年四月伐蜀戰歿。十二月追封，予世券。以子幼，停襲。
廬江侯何德	洪武十四年七月卒。追封，諡壯敏。
霍山侯王簡	洪武十三年五月卒。追封。
臨沂侯王眞	洪武十三年七月卒。追封，諡桓義。

汝陰侯高顯	富春侯孫世	合浦侯陳清	東海侯陳文	英山侯於顯
洪武十三年九月卒。追封，謚武肅。	洪武十四年十二月卒。追封，謚忠勇。	洪武十五年三月卒。追封，謚崇武。	洪武十七年十月卒。追封，謚孝勇。	

洪武二十年十二月卒。追封，謚襄武。

昌樂侯丘廣 洪武十一年五月卒。〔七〕以文臣追封，謚景成。

右洪武朝。洪武中所封，有歸德侯陳理、歸義侯明昇、崇禮侯買的里八剌三人，以非功臣，故不載。

灤城侯 李堅 尚太祖女大名公主。建文中襲。永樂初除。

李莊

文初，從伐燕，以功封。已，戰敗被執，尋卒。												
歷城侯盛庸建文中以伐燕封。永樂元年除。												

右建文朝。

校勘記

〔一〕奉天開國推誠宣力武臣魏國公　按本書卷七六職官志述功臣封號之制云：「佐太祖定天下者曰開國輔運推誠，從成祖起兵曰奉天靖難推誠。」徐達佐太祖定天下，其封號爲「開國輔運推誠宣力武臣」，無「奉天」二字，見本書卷一二五徐達傳、太祖實錄卷五八洪武三年十一月丙申條及卷一七一洪武十八年二月己未條、國朝獻徵錄卷五徐公達神道碑。但本表有「奉天」二字，常遇春、李文忠封號亦有「奉天」二字。

〔二〕十一年二月癸亥卒　原作「十二年二月戊午卒」，據本書卷一三〇韓政傳、太祖實錄卷一一七改。

〔三〕謚武毅　武毅，本書卷一三〇吳復傳、太祖實錄卷一五七洪武十六年十月己亥條、國朝獻徵錄卷八吳復傳都作「威毅」。

〔四〕二十年九月有罪下獄　二十年九月，原作「二十八年八月」，據本書卷一七世宗紀、又卷一三〇郭勛傳、世宗實錄卷二五三嘉靖二十年九月乙未條改。

〔五〕二十一年七月進封公　原脫「二十一年」，據本書卷一三三濮英傳、太祖實錄卷一九二洪武二十一年七月癸酉條補。

〔六〕張銓至世襲指揮使　太祖實錄卷二〇五洪武二十三年十月甲申條，張銓「封永定侯，子孫世襲」，未明言世襲指揮使。

〔七〕洪武十一年五月卒　原脫「五月卒」，據太祖實錄卷一一八洪武十一年五月庚子條補。

明史卷一百六

表第七

功臣世表二

始封	子	孫	曾孫	五世	六世	七世	八世	九世	十世	十一世
淇國公丘福建文四年六月己巳，成										

祖卽位。九月甲申，以靖難功第一，封奉天靖難推誠宣力武臣淇國公，祿二千五百石，世襲。永樂六年	

七月甲寅加祿千石。七年八月北征戰沒。追削爵，還家屬嶺南，[一]除。

成國公

朱能　九月甲

勇　永樂六

儀　景泰三

輔　弘治九

麟　嘉靖四

申封，第二，勳號同前，祿二千二百石，世襲。永樂四年十月卒於軍。追封東平王，諡武烈。

年七月壬子襲，甲寅加祿千石。洪熙、宣德間，屢領行在軍府，累進太保。正統十四年沒於土木。追封平

年五月丁酉襲，祿二千石。天順二年正月加祿五百石。七年二月守備南京。成化二十二年加太子太

年十二月己酉襲。十三年七月守備南京，領中府。正德五年七月加太子太傅。六年十月掌前府。嘉靖

年三月辛酉襲，六月卒。

鳳

嘉靖八年九月壬寅襲。九年，神機營坐營。十五年七月己未卒。贈太保，

希忠

嘉靖十五年九月甲子襲，屢典軍務，累進太師。二十六年八月加祿百

時泰

萬曆二年襲。九月卒。

應楨

萬曆八年二月己亥襲。十四年自殺。

應槐

萬曆二

鼎臣

萬曆二十八年三月辛亥襲。明年卒。無子。叔應槐襲。

純臣

萬曆三

陰王，諡武愍。

傅。弘治九年三月卒。

二年九月己丑卒。贈太傅，諡恭僖。

諡榮康。

石。隆慶五年五月領後府。萬曆元年九月卒。十月乙未追封定襄王，諡恭靖。十一年八月癸亥追奪王

十九年九月己酉襲，領左府。三十八年五月壬申卒。

十九年三月癸卯襲。崇禎三年十一月戊戌加太傅。九年五月己酉總京營。九月庚戌巡視邊關。十七

爵。

年三月降賊，被殺。

成陽侯張武

九月甲申封，第三，勳號同前，祿千五百石，世襲。永樂元

年十月卒。贈潞國公，諡忠毅。無子，除。	泰寧侯陳珪九月甲申封，第四，勳號同前，祿一千二
	璽　瑜　永樂十七年七月癸丑
	鏞　永樂二十二年八月辛
	灝　宣德五年四月丙申襲。

百石，世襲。永樂十七年四月卒。追封靖國公，謚忠襄。	
襲。二十年北征失機，下獄死。	
未襲。宣德五年正月卒。	
七年卒。瀛宣德十年二月丁卯襲。正統十四年沒於土木，追封寧國公，謚恭愍。	涇正統十
	桓成化八
	璇弘治七
	儒正德六

四年十一月丁酉襲。天順六年十月鎮廣西。成化七年九月移鎮淮安，總漕運。八年七月卒。

年十二月甲子襲，祿一千石。弘治元年八月鎮寧夏。七年七月壬子卒。

年十一月己酉襲，十二月給祿千石。正德元年六月卒。

璉　嘉靖十三年閏二月丙寅

年七月丁丑襲。嘉靖三年十月管團子手上直。十二年卒。無子。叔璉襲。

襲，祿千石。二十三年卒。 壎 嘉靖二十四年正月庚申襲。三十一年十二月壬子卒。
良弼 嘉靖四十一年五月己亥襲。四十五年五月掌府軍前衞。萬曆四年正
聞禮 天啓中襲。
延祚 天啓中襲。崇禎元年加少保。

月領南京右府，提督操江。十四年正月領前府。四十七年六月辛巳總京營。天啓元年五月戊申加少保。

武安侯	
鄭亨	九月甲申封，第五，勳號同前，祿一千五百石，世襲。宣德九年二月乙丑卒。追封
能	宣德十年二月丙辰襲。正統七年卒。
宏	正統十一年二月癸卯襲。成化九年領南京中府。十三年二月卒。
英	成化十三年襲。弘治三年八月坐耀武營，鎮陝西。正德十一年十月甲寅卒。
綱	正德十二年三月癸未襲。嘉靖二十八年七月辛巳卒。
崑	嘉靖二十八年十一月乙未襲。萬曆八年六月丁未卒。
維忠	萬曆八年十二月己亥襲。十二年七月掌府軍前衞。二十六年卒。 維孝
之俊	

漳國公，謚忠毅。	保定侯孟善九月甲申封，第六，勳號同前，祿
	瑛永樂十一年六月癸亥襲。仁宗
	俊天順元年七月癸酉以承天門
	昂天順四年十一月戊寅襲。成化
萬曆二十六年十一月戊戌襲。天啓二年卒。	
天啓二年襲。崇禎十七年，城陷，死於賊。	

同安侯火眞	一千二百石，世襲。永樂十年六月甲戌卒。追封滕國公，謚忠勇。
	即位，十一月以罪奪爵，流雲南。宣德十年二月己未召還，授京衛，世襲指揮使。
	災，詔予伯爵，祿八百石。四年六月卒。
	八年十二月卒。子達仍襲指揮使。

九月甲申封，第七，勳祿同張武。七年八月北征戰沒，除。

鎮遠侯 顧成 九月甲申封，第八，加號
統
興祖 永樂十三年二月甲午
翰
淳 天順八年四月丁酉襲，

奉天翊運推誠宣力武臣，祿襲同張武。十二年五月丁酉卒。追封夏國公，謚武毅。

襲，正統十四年九月削爵。景泰三年五月甲午復封伯。天順元年七月復侯爵。七年閏七月卒。

祿千石。成化九年三月卒。

溥

淳從弟。成化九年七月癸丑襲，以支庶減祿，止八百石。弘治二

仕隆

弘治十七年閏四月丁卯襲。正德四年八月領圍子手上直。十

寰

嘉靖七年襲。十年三月領紅盔將軍侍衞。十七年四月鎭淮安，

承光

寰從子。萬曆十年四月丙申襲。十四年二月，前府僉書。二十六

大理

萬曆中襲。二十四年正月管紅盔將軍。天啓二年加太子太保。

肇迹

天啓中襲。崇禎元年七月僉書左府。三年九月甲辰加少師。十

年鎮湖廣。五年加太子太保，領前府。十六年六月卒。〔三〕謚襄恪。

六年鎮湖廣。嘉靖二年加太子太傅，領中府。七年三月乙亥卒。謚榮靖。

總督漕運。二十九年七月鎮兩廣。隆慶五年二月辛亥總京營。萬曆七年六月加少保。九年十二月甲

年九月己亥卒。

四年正月領南京右府，提督操江。十七年，城陷，死於賊。

	靖安侯王忠 九月甲申封，第九，勳號同丘福，祿千石。永樂七年八月北征戰
午卒。謚榮僖。	

沒。無子，除。	武城侯王聰　九月甲申封，第十，勳祿同張武。永樂七年八月北征，戰沒。追封	瑛　永樂七年十二月戊戌襲。卒，除。

濬國公，諡威毅。

永康侯

徐忠 九月甲申封，第十一，勳號同前，祿千一百石，世襲。永樂十一年

安 永樂十六年八月癸巳襲。成化十七年十二月卒。

昌

錡 成化十八年三月辛卯襲。弘治三年四月，五軍營坐營。八年四

溥 弘治末襲。正德四年四月卒。

源 溥庶兄。正德八年三月

喬松 嘉靖三十四年五月甲

文煒 萬曆十一年襲。十九年

應坤 萬曆三十七年十一月

錫胤〔三〕 天啓元年十月壬申襲。

八月庚午卒。追封蔡國公，諡忠烈。
月管紅盔將軍。宿衛十五年三月卒。
壬申襲。嘉靖三十三年卒。
辰襲。四十五年五月領南京右府。隆慶五年五月提督操江。萬曆十年卒。
領前府。三十七年六月己未卒。
壬寅襲。四十年閏十一月甲申總京營。四十三年九月壬辰卒。應垣崇禎三年九月己酉襲。
崇禎二年卒。叔應垣襲。錫登崇禎中襲。十七年，城陷，死於賊。

隆平侯 張信 九月甲申封，第十二，勳號同前，祿千石，世襲伯。永樂二十二年九月丙申予世

鏞

淳 正統八年襲。十年十一月卒。

福 正統十二年閏四月襲。天順二年三月卒。弟祐襲。

祐 天順二年十一

侯。正統七年五月卒。追封鄖國公，諡恭僖。

鋌

月甲辰襲。成化中屢領南京軍府。十七年三月卒。

祿 鋌孫。正德三年十一月丁酉襲。四年七

瑋 正德十三年襲。嘉靖二十三年三月甲

月丁酉卒。

辰以罪削爵。

瓛

桐　嘉靖三十七年十一月癸未襲。四十四年二月鎮湖廣。萬曆三年四月癸巳卒。

炳　萬曆三年襲。四十五年卒。

坤

國彥　萬曆四十六年閏四月戊辰襲。

拱薇　襲年無考。崇禎三年九月甲辰加太子太傅。七年四月僉書南京中府。十一年

	安平侯李遠 九月甲申封，第十三，勳號同前，歲祿千石。永樂七年八月北征，戰歿。贈
	安 永樂七年十二月戊戌襲伯。宣德二年以征交阯失律奪爵。天順元年
戰沒。	

莒國公，謚忠壯。	成安侯 郭亮 九月甲申封，第十四，勳號同前，祿千二百石，世伯爵。永樂二十
復襲。	晟 永樂二十二年八月辛未襲侯，祿千石。正統十四年八月領中

一年三月庚寅卒。追封興國公，謚忠壯。

府。天順二年八月卒。

昂　天順三年二月乙丑襲伯。六年領南京後府。成化二年閏二月卒。

鏞　成化六年正月辛丑襲。弘治五年十一月卒。

寧　弘治六年襲。正德六年二月管紅盔將軍。十年六月，南京前府。嘉靖元

瓚　寧從子。嘉靖二年二月己卯襲。十八年正月庚寅，揚威營坐營。

應乾　嘉靖二十八年六月庚戌襲。萬曆十四年卒。

邦柱　萬曆十四年襲。

邦相　萬曆十七年四月癸卯襲。三十六年五月戊戌

祚延　萬曆三十八年二月庚午襲。四十年卒。

祚久

年十二月庚子卒。

卒。

邦棟 天啓元年八月癸酉襲。崇禎三年九月甲辰加

萬曆四十年十二月辛亥襲。天啓元年卒。

祚永 崇禎中襲。十四年六月領南京前府。

思恩侯	
房寬　九月甲申封，第十五，祿八百石。世指揮使。永樂七年十一月卒。	
	少保。

興安伯

徐祥	九月甲申封，第十六，加號奉天翊衞宣力武臣，祿千石，世都督僉事。永樂二年		
永			
亨	永樂二年襲伯。正統九年以剿寇功進封侯，加祿百石。天順四年二月卒，謚武		
賢	天順四年襲伯。成化五年十一月卒。		
盛	成化十六年十一月甲申襲。弘治三年八月，神機營左掖管操。十三年六月領		
良	盛從子。正德三年十二月壬午襲。嘉靖十二年卒。		
勳	嘉靖十三年八月丁酉襲。十四年卒。		
夢暘	嘉靖二十年五月庚戌襲。萬曆四年二月辛未領前府。三十一年十二月卒。		
汝誠		汝孝	萬曆三
繼榮	萬曆三十一年襲。三十三年四月己巳卒。無子。叔汝孝襲。	繼本	襲年無
		治安	崇禎末

五月卒。	武康伯徐理九月甲申封，第十七，勳祿同徐
	楨永樂七年十月壬子襲伯。正統
襄。	勇景泰四年二月己丑襲，其年卒。
三千營管操。十七年二月卒。	
十七年九月癸未襲。崇禎初加太子太保。	
考。	
襲。十七年死於賊。	

	襄城伯
祥。永樂六年二月卒。	李濬 九月甲申封，第十八，勳祿同前，世指揮同知。已，進封侯。
九年六月卒。	隆 永樂四年九月己巳襲伯。正統十二年卒。
無子。除。	珍 正統十三年十二月甲戊襲。十四年沒於土木。贈侯，諡

永樂三年十一月卒。

悼僖。

瑾

景泰元年六月庚子襲。成化四年八月己酉以平都掌蠻功進封侯。二十二年十月加

黼

弘治二年九月己巳襲伯。三年四月坐幼官營。八年三月坐揚威營。十一年五月壬寅

太保。弘治二年三月卒。追封芮國公，諡壯武。

卒。

鄜 隆孫，鋪從兄。弘治十一年八月戊子襲。十三年八月領右府。正德四年七月卒。

全禮 正德四年十二月癸卯襲。十六年九月癸亥領南京前府僉督操江。嘉靖十八年卒。贈

應臣 嘉靖二十年二月乙丑襲。萬曆十年卒。

成功 一作承功。萬曆十年襲。二十九年七月己酉領南京右府僉操江。三十六年十一月甲

守錡 萬曆三十八年二月癸亥襲。崇禎元年十一月辛未總京營。

國楨〔四〕 崇禎三年襲。十六年十二月己酉加太子太保，總京營。明年，城陷，賊執殺之。

榮國公	張玉	東昌戰死，成祖即位，追封，謚忠顯。洪熙元年三月追封	
英國公	輔	九月甲申封信安伯，第十九，勳號、祿襲同徐祥。永樂三	
	懋	景泰元年五月戊辰襲。成化間屢領軍府，累加太保。正	
	銳		
	崙	正德十年十月癸酉襲。十二年九月坐奮武營管操。嘉	太子少保，謚恭敏。
	溶	嘉靖十四年十一月甲申襲。四十四年十二月領左府，	
	元功	萬曆十年三月甲申襲。二十四年十一月庚子卒。	戊卒。予祭葬。

河間王，改謚忠武。
年十一月癸巳進封新城侯，祿一千五百石，世襲。六年七月癸丑以安南功封英國公，祿三千石，世襲。
德十年三月卒。追封寧陽王，謚恭靖。
靖十四年六月乙卯卒。贈太保，謚莊和。
加太子太保。萬曆二年加少保。
元德萬曆二十四年襲。二十六年五月卒。
維賢萬曆二十六年十一月甲辰襲。三十七年十一月丁未領後府，累加少傅兼太子太保。天啓三
之極見崇禎十年正月戊申。襲年無考。
世澤崇禎十六年襲。城陷，被殺。世次無考。

二十一年加太師。正統十四年沒於土木。追封定興王，諡忠烈。

年七月加太保。崇禎三年十一月戊戌加太師。

新昌伯

唐雲

九月甲申封，第

二十，勳祿同徐祥，世指揮使。永樂元年七月卒。

崇安 侯 譚淵 夾河戰死，成祖即位，追封。謚壯

新寧 伯 譚忠 九月甲申封，祿千石。宣德八年

璟 宣德十年二月丁卯襲。正統十

裕 正統十四年十月丁巳襲。景泰

節。

五月卒。

四年六月卒。

三年三月卒。

祐　天順元年六月癸巳襲。成化十七年領前府，屢典軍職，加太保。正德四年七月

綸　嘉靖四年閏十二月甲戌襲。十一年三月領南京前府。二十七年卒。

功承　嘉靖二十七年八月辛未襲。三十六年十二月領南京左府。隆慶元年二月丙

國佐　隆慶元年七月戊午襲。萬曆二十七年六月甲申卒。

懋勛　萬曆二十七年八月乙酉襲。天啓三年卒。

弘業　天啓中襲。崇禎末死於賊。

	應城伯孫巖　九月甲申封，第二十一，勳祿同徐祥。永樂十六
	亨　永樂十八年正月襲伯。二十一年正月卒。
	英　永樂二十一年二月己巳襲。明年二月卒。
管五軍營。嘉靖四年卒。諡莊僖。	
午卒。	

	年六月卒。追進侯，諡威武。
傑	永樂二十二年九月戊子襲。宣德五年有罪下獄，尋復。景泰二年十二月卒。
繼先	景泰三年襲。弘治三年八月管五軍營團子手。十六年九月卒。
鉞	弘治十六年十一月壬子襲。嘉靖十八年卒。
岱	
永爵	嘉靖十九年十月壬午襲。三十五年二月甲子卒。
文棟	嘉靖三十五年九月庚午襲。三十九年八月僉書中府。萬曆十四年正月領南京後府。十七年
允恭	萬曆十七年六月庚辰襲。二十八年六月甲申卒。
延勳	萬曆三十三年十月丙辰襲。崇禎三年九月甲辰加少保。十七年死於賊。

	富昌伯 房勝 九月甲申封，勳祿同前，世指揮使。永樂四年十月卒。	忻城伯
卒。		

趙彝　九月甲申封，第二十三，勳號、祿襲同徐祥。宣德元年正月卒，謚武毅。

榮　宣德元年七月戊午襲。正統十四年七月領前府。天順元年理南京軍府。成化三年六月卒。

溥　成化四年七月丙戌襲。弘治十七年閏四月卒。

權　溥從子。弘治十八年九月甲申襲。正德十三年正月卒。

武　正德十三年十二月辛卯襲。嘉靖三十五年五月丁亥卒。

祖胤　嘉靖三十七年四月癸未襲。四十年卒。

祖征　嘉靖四十二年九月癸卯襲。萬曆元年乙未奪

泰修　萬曆六年襲。十一年十月，南京左府僉書。十四

世新　萬曆二十六年九月丁酉襲。四十四年正月戊

之龍　泰昌元年九月丁亥襲。崇禎十六年十二月癸

	雲陽伯 陳旭 九月甲申封，第二十四，勳號、祿襲同前。
祿。五年卒。	
年正月改中府。二十五年七月甲午卒。	
子總京營。	
酉守備南京。大清兵下江南，降。	

永樂六年七月加祿五百石。八年三月卒。無子，除。

廣恩伯

劉才

九月甲申封，祿九百石，

世指揮同知。宣德五年三月卒。	忠誠伯茹瑺 以推戴功封，加號奉天翊運守正文臣，祿千石。

已，坐事下獄死。

順昌伯

王佐

推戴功封，勳祿同徐祥，世指揮使。三年八月有罪下獄死。

平江伯 陳瑄	推戴功封，勳號、祿襲同前。永樂二十二年十一月予世伯。宣德八年十月卒。追
佐	宣德十年二月丙辰襲。正統初卒。
豫	正統二年四月癸未襲。十四年十一月進封侯。景泰四年鎮臨清。五年十一月
銳	天順八年十月丁酉襲伯。成化六年二月鎮兩廣。八年改鎮淮揚。弘治元年閏
熊	弘治十六年十月己未襲。正德元年五月領後府。四年十二月戊戌以忤劉瑾
𡍼	以幼給祿，尋卒。熊絕。以從子圭襲。
圭	嘉靖元年正月甲午襲。二十二
王謨	嘉靖三十四年三月甲辰襲。三
胤兆	萬曆四年五月管紅盔將軍，侍
啓	一作啓嗣。萬曆三十二年七月
治安	崇禎元年五月戊寅優給侯襲，

封侯，謚恭襄。

守備南京。天順七年九月卒。成化六年二月贈黟國公，謚莊敏。

正月提督神機營。八年以治河功加太保，累加太傅。十五年十二月卒。

削爵，戍海南。瑾敗，復爵。六年十二月庚子卒。

年六月鎮兩廣。二十九年十二月丙戌領後府。三十三年四月加太子太傅，〔三〕掌錦衣衛。十二月己丑

十九年九月鎮兩廣。隆慶四年十月鎮淮安。萬曆二年十一月，前府僉書，尋卒。

衛入直。

丁丑襲。三十七年三月乙巳，前府僉書。

餘無考。

定國公		
徐增壽	徐達次子。建文末以通燕誅。成祖入立，追封武	
景昌	永樂二年六月己亥襲，祿二千五百石。二十二年以罪	
顯忠	正統三年十月丁巳襲。十三年四月卒。	
永寧	景泰六年二月乙亥襲。成化二年坐誤毀制書，閒住。弘	
世英		
光祚	弘治十七年五月壬寅襲。正德十五年十一月領中府。	卒。贈太傅，諡武襄。
延德	嘉靖八年十一月癸卯襲。三十年正月庚子領中府。隆	
文璧	隆慶二年三月甲戌襲。五年三月領右府加太師。萬曆	
廷輔		
希皐	萬曆三十年十二月癸卯襲。崇禎三年卒。	
允禎	崇禎三年襲。十六年加太子太保。明年城陷，死於賊。	

陽侯，諡忠愍。永樂二年進封公，世襲。	永春侯王寧尚太祖女懷慶
停祿。洪熙元年復。正統二年六月卒。	
治十七年正月卒。	
嘉靖五年加太師。八月卒。諡榮僖。	
慶元年十二月壬辰卒。	
十一年九月加少保兼太子太保。三十年六月卒。諡康惠。	

公主。建文中以通燕下獄。成祖入立，封奉天翊運推誠效義武臣，祿千石，世襲。永樂六年有罪下獄。已，

見原。九年九月卒。停襲。	廣平侯　袁容　尚成祖女永安公主。永樂元年五月甲申以功封，祿千
	禎　宣德中襲，尋卒。　瑄　天順元年七月以承天門災復
	輅　禎從子。成化二十二年十月丁未襲，祿千石。弘治三年

五百石，世襲。宣德三年十二月卒。追封沂國公，謚忠穆。	富陽侯李讓尚成祖女永平公主。永
予侯。成化十四年十一月卒。琇成化十五年襲。	茂芳永樂二年襲。仁宗卽位，
七月卒。停襲。	興天順元年七月襲伯。成

豐城侯李彬	樂元年五月甲申以功封，祿千石，世襲。二年八月乙未卒。追封景國公，諡恭敏。
賢	以舊嫌削爵。
勇	化十五年八月卒，除。
璽	

永樂元年五月丁亥封，勳號同丘福，祿千石，世襲。六年七月癸酉加祿五百石。二十年正月卒。贈茂國
永樂二十一年二月己巳襲。宣德八年五月領行在前府。正統二年二月鎮大同。十一年十二月領南
景泰四年襲。成化十四年十月加太子太保。十八年九月卒。
成化十九年九月壬辰襲，祿千石。弘治元年九月領圍子手官軍侍衞。十七年仍加前祿。正德二年閏

公，謚剛毅。

京中府。景泰元年五月守南京。二年十一月壬寅卒。成化十年三月追封豐國公，謚忠憲。

正月卒。

旻　璽庶兄。正德三年六月庚辰襲。十五年十二月協守南京。嘉靖二年加太子太傅。六年

熙　旻從子。嘉靖十年十月甲午襲。二十一年七月鎮湖廣。二十九年十二月丙戌領前府。

儒　熙從子。嘉靖三十六年二月乙巳襲，祿五百石。隆慶四年五月丁丑卒。

環　萬曆元年正月甲辰襲。十九年正月，前府僉書。二十年八月領右府。九月提督操江。二

承祚　萬曆三十年七月乙巳襲。崇禎元年以附魏黨下獄，戍烟瘴。

開先　崇禎三年襲。十七年三月死於賊。

	涇國公 陳亨 成祖入立，追封。諡襄敏。
	寧陽侯 懋 永樂元年五月丁亥，兼論父亨
	晟 潤 天順七
十月鎮兩廣。十年六月己巳卒。諡武襄。	輔 成化二十二年二月己丑襲，祿
三十一年八月戊寅總京營。明年二月甲戌卒。	
十九年卒。	

歸附功，封寧陽伯，勳號同李彬，祿千石，世襲。七年十二月壬子進封侯，加祿至三千石。洪熙元年予世

年十二月戊戌襲。成化三年六月卒。

瑛 晟子輔幼，瑛借襲。

千石。弘治元年六月有罪下獄。八年卒。無子。

繼祖 正德元年四月襲。嘉靖十一年二月領南京左

維藩 嘉靖三十七年正月戊寅襲。隆慶二年八月壬

大紀 隆慶二年十一月庚申襲。五年十月甲辰領中

應詔 萬曆十年三月甲申襲。三十一年三月領前府。

光裕 泰昌元年九月戊子襲。崇禎元年七月甲申領

侯。宣德十年六月鎮寧夏，移甘肅。正統四年十月加太保。天順七年七月卒。追封濬國公，諡武靖。

府。二十八年三月丁酉掌神機營五千下。三十五年六月乙未卒。

午卒。

府。明年卒。

三十八年六月總京營。四十八年卒。

左府。二年加太子太保。

金鄉侯	王眞	成祖入立，追封，謚忠壯，勳同前。洪熙元年三月進封寧國公。
成山侯	通	永樂元年五月丁亥封武義伯，祿千石，世襲。十一年五月進封成山侯。仁宗卽
	琮	天順元年七月壬午復爵成山伯。五年鎭遼東。六年鎭陝西。八年召還。成化三
	鏞	成化十年十二月丁未襲。弘治中累加太子太傅。嘉靖四年五月辛巳卒。
	洪	嘉靖四年六月襲。十一月掌圍子手上直。二十四年十月卒。
	維熊	嘉靖二十五年四月辛卯襲。隆慶四年十月乙卯卒。
	應龍	隆慶五年四月丙申襲。萬曆二十三年七月辛巳卒。
	允忠	萬曆二十四年二月癸丑襲。二十九年五月戊戌守南京，領中府。三十七年四
	國柱	萬曆三十七年十二月庚申襲。天啓元年六月甲申領南京左府。二年六月甲
	道寧	崇禎四年九月乙亥襲。九年八月卒。道允崇禎十年襲。

位，領後府，加太子太保，加祿至二千二百石，予世侯。正統四年閏二月有罪削爵。十四年起爲都督僉

年領南京後府兼操江。五年五月卒。

月己未卒。

申加太子太保。

事。景泰三年四月卒。

清遠伯

王友

永樂元年五月丁亥封，祿千石。六年七月癸丑以安南

功進世侯，加祿五百石。十二年九月坐誹謗，削爵，除。	榮昌伯 陳賢 永樂元年五月丁亥封，
	智 永樂十四年八月己巳

祿千石，世襲。十三年十一月卒。	安鄉伯 張興 永樂元年五月丁亥封，祿、襲同前。五年正月卒。
襲。宣德元年四月丙寅削爵，除。	勇 興兄子。永樂中襲。
	安永 樂十五年九月庚申襲。宣德十年五月丙申領

左府。正統十一年四月鎮廣東。十四年九月卒於任。〔六〕寧景泰三年襲。弘治五年十一月卒。恂〔七〕弘治六

坤正德二

鐸嘉靖三十

年襲。十一年二月領南京前府，督操江。正德二年正月卒。

年十二月乙未襲。六年三月，三千營管操。嘉靖三十三年二月戊戌卒。

三年五月壬戌襲。四十年四月辛亥卒。

鋐

嘉靖四十年十二月己巳襲。萬曆三年八月領前府。十七年卒。

世恩

光燦

崇禎末死於賊。以上二世，襲年無考。

遂安伯

陳志　永樂元年五月丁亥封，祿、襲同前。八年五月卒。

春

英　永樂八年九月壬辰襲。〔八〕宣德二年四月鎮永平。七年正月卒。

塤　正統十一年二月丙寅襲。十四年八月沒於土木。諡榮懷。

韶　正統十

鏸　弘治十

潪　隆慶六

瑋　萬曆二

秉衡　襲年無

四年襲。成化三年坐事謫遼東，明年復。弘治元年九月領三千營。二年三月領右府，累加至少保。十七
七年五月戊戌襲。正德五年三月管紅盔將軍。嘉靖元年四月提督操江，屢典軍府。十四年五月提督
年襲。萬曆四年二月管紅盔將軍入直。
十八年十二月癸巳襲。崇禎元年卒。
考。長衡崇禎十四年襲。

	永新伯許誠一作成。永樂三年十月丙子，以
年二月卒。	
團營，累加太子太保。十八年二月爲留守。	

發奸封，祿千石，世指揮使。十六年二月卒。	西寧侯 宋晟 永樂三年十一月癸巳以征西
	琥 永樂六年七月壬子襲。洪熙元

功封，祿千一百石，世襲。五年七月卒。
年正月削爵。 瑛 洪熙元年襲。宣德十年正月領行在前府。正統十四年七月癸巳，戰沒於陽和。
傑 景泰元年正月壬辰襲。
誠 景泰六年九月戊戌襲。七年二月領右府。天順元年二月鎭甘肅，其年卒。

追封鄆國公，諡忠順。

讓　天順二年三月壬寅襲。成化八年十二月卒。

愷　成化十一年二月戊子襲。正德二年閏正月協守南京，兼領右府。十五年辭任。

良臣　正德十六年九月己酉襲。嘉靖元年四月領五軍營。五年十一月管紅盔將軍入直。九年三月

天馴　嘉靖三十四年十月乙亥襲。四十四年二月領中府。

公度　嘉靖四十五年五月己亥襲。閏十月甲午卒。

世恩　萬曆中襲。二十年九月管紅盔將軍。二十五年十月乙亥卒。

光夏　一作廣夏。萬曆三十四年七月辛巳襲。天啓七年卒。

裕本　莊烈帝即位，十二月丁酉襲。三年九月甲辰加太子太保。

裕德　崇禎十一年襲。死於賊。

安遠侯 柳升 永樂六年七月癸丑以安南功封安遠	
溥 宣德十年二月辛未襲。正統元年十二	
承慶	
景 天順五年十二月辛巳襲。成化末鎮兩	
文 弘治十六年正月己未襲。正德初鎮兩	
珣 嘉靖十二年四月丙戌襲，祿千石。十三	坐奮武營管操。三十四年五月乙未卒。
震 嘉靖二十四年正月丁亥襲。二十九年	
懋勛	
祚昌〔九〕 天啓元年正月襲。崇禎三年九月甲辰	
紹宗 崇禎七年四月癸亥鎮甘肅。以上三世，	

伯，祿千石，世襲。八年八月壬寅進封侯，加祿五百石。二十年予世侯。宣德二年九月敗沒於交阯。正統

月領中府。三年六月鎮廣西。十四年十二月領神機營。景泰五年再鎮廣西。天順元年四月領右府。五

廣。弘治七年十二月以罪削爵。十二年復。十三年六月領三千營。十五年二月卒。

廣，移鎮湖廣，召還。嘉靖十一年十二月己亥卒。

年十二月鎮兩廣。十八年加祿三十石，加少保。二十二年三月甲戌卒。贈太保，謚武襄。

五月乙丑協守南京。隆慶五年十月丙午領南京左府。萬曆十一年十月，南京中府僉書。

加太子太師。

諸書止稱安遠伯，襲、卒無考。

中追封融國公，謚襄愍。	建平伯 高士文 戰沒交阯，追封，祿千三百石，世襲。
年三月卒，謚武肅。	福 永樂六年襲。二十二年九月卒。
	遠 洪熙元年二月戊申襲。正統十四年六月領前府。成化
	鑑 弘治七年二月庚辰襲。十一年三月丁巳領五軍營管

寧遠侯

十三年六月召還。弘治元年七月卒。

進　弘治二年三月辛酉襲。六年十月卒。

操。嘉靖初卒。無子，除。

何福	永樂七年九月庚午北征功封，〔一〇〕祿千石。明年八月以罪自殺，除。	恭順伯吳允
		恭順侯克忠
		瑾
		鑑
		世興
		繼爵
		汝蔭
		惟業

誠　本名把都帖木兒。永樂十年正月戊子北征功封，祿一千二百石，世襲。十五年四月卒。贈邠國
永樂十六年二月戊申襲。洪熙元年進封侯，世襲。正統十四年八月庚申戰沒於宣府。
正統十四年十月丙辰襲。天順五年七月庚子死於曹欽之難。贈涼國公，謚武壯。
天順六年二月壬申襲。正德元年十二月卒。
正德二年四月丁丑襲。四年六月掌三千營。
嘉靖二十七年二月甲寅襲。三十九年四月領左府。四十二年二月鎭兩廣。隆慶四年正月甲戌總京
萬曆二十七年十一月丙午襲。三十二年六月，右府僉書管紅盔將軍上直。三十七年九月領中府。崇
崇禎四年襲。惟英　襲無考。崇禎十六年十二月庚午卒。

公。
營。萬曆二年十月領南京中府。二十七年卒。
禎四年卒。

廣寧 伯 劉榮 永樂十七年九月壬子封，祿千
湍 永樂十八年十二月襲。宣德九

二百石，世襲。十八年四月卒。諡忠武，追進侯。

年二月卒。

安　宣德十年二月丙辰襲。正統十四年八月守大同。景帝即位，下獄。景泰三年五

瓘　淮子，安姪。成化十二年六月庚寅襲。十六年卒。

璇　成化十六年四月丙辰

佶　弘治二年十二月丙申

泰　嘉靖二年二月己丑襲。

允中　嘉靖三十一年襲。三十

嗣德　襲年無考。萬曆十一年

月復。天順元年二月進封侯，加祿三百石，領右府，累加太子太傅，卒。追封嶧國公，諡忠僖。

襲。弘治二年九月卒。

襲。十二年二月管紅盔將軍上直。正德四年十一月領後府。嘉靖元年十二月壬午卒。

四年八月坐練武營。九年十一月丁亥提督操江，歷典軍職。世宗南巡，領中府居守。二十六年八月甲

九年八月僉書中府。四十五年四月領前府。

允正

萬曆十

五月管紅盔將軍。十四年二月，左府僉書。十八年十一月壬寅卒。無子。叔允正襲。

嗣爵

萬曆三

安陽侯

辰卒。謚康順。

九年襲。三十三年六月己巳卒。

十八年九月戊申襲。四十一年十一月乙丑管紅盔將軍上直。

嗣恩　崇禎十二年襲。

郭義	永樂十八年十二月甲寅封，祿千一百石，加號奉天靖難武臣，世指揮使。十九年正月卒。

陽武侯	薛祿 永樂十八年十二月甲寅封，勳號同前，祿千五百石，封三代皆侯爵，賜誥券。仁
	勳
	詵 宣德七年八月壬子襲。十年五月領前府。正統四年五月卒。
	琮 景泰四年二月壬子襲。成化四年四月卒。
	倫 成化十二年七月丙辰襲，祿千石。弘治三年，神機營右哨。正德十六年九月坐
	翰 一作瀚。嘉靖九年三月丙辰襲。十九年十二月壬午管紅盔將軍上直。
	鋹 翰從子。萬曆五年九月戊辰襲。鉦 襲年無考。萬曆十九年正月任前府僉
	濂 襲年無考。崇禎三年九月甲辰加太子

宗即位，加太子太保，予世侯，命巡邊，加歲祿五百石。宣德五年卒，追封鄭國公，謚忠武。	會安伯
鼓勇營。	
事。	
太師。京師陷，死於賊。	

金玉　與薛祿同日封，祿八百石，世指揮使。永樂十九年卒。	永順伯　薛斌　與薛祿同日封，
	綬　永樂二十二年
	輔　景泰元年七月
	勳　成化十二年六

祿九百石，世指揮使。永樂十九年九月丁未卒。

八月辛未，念父功襲伯。正統十四年八月庚申，鷂兒嶺戰沒，追封侯，諡武毅。

丁卯襲。成化十二年正月卒。

月己丑襲。弘治四年十月坐五軍營左掖。正德三年十二月坐五千營。四年十月領南京前府提督操

	武進　伯　朱榮　永樂二十年九月辛未，北征功封，祿千二百石，世襲。洪熙元年
	冕　洪熙元年十月乙酉襲，領行在左府。宣德二年改右府。正統四
	瑛　正統十四年襲。天順四年十二月卒。
江。六年六月卒。	雲　天順五年五月丙午襲。成化九年十二月卒。　霖　成化十
	潔　弘治三
	本　正德三

七月卒。追封侯，謚忠靖。

年二月鎮大同。十四年七月癸巳戰沒於陽和。追封侯，謚忠愍。

年三月己酉襲。弘治二年九月卒。

年二月戊申襲，三月給歲祿八百石。正德三年正月卒。

江

正德十三年三月丁卯襲。嘉靖十二年

年四月甲申襲。十二年十月卒。無子。叔江襲。

五月卒。

海　嘉靖十八年九月戊申襲。二十一年五月管紅盔將軍上直。二十七年八月癸亥卒。

承勳　嘉靖三十七年三月乙卯襲。

世雍　隆慶六年襲。萬曆十四年正月，後府僉書，仍管紅盔將軍。無子。

天爵　世系無考。萬曆二十七年八月戊子襲。三十九年卒。

自洪　一作自弘。萬曆四十年十月壬午襲。崇禎三年九月甲辰加太傅。

安順伯	
薛貴	初名脫火赤，與朱榮同日封，祿九百石，世指揮使。洪熙元年予世伯。宣德元年
山	
忠	一作貴。天順元年七月襲伯。六年十二月卒。
琉	一作琉龍。天順七年四月丁卯襲。弘治三年二月卒。子昂，仍襲指揮使。

七月庚申進封侯，加祿三百石。五年二月卒。追封濱國公，謚忠壯。弟可可帖木兒，襲指揮使。

忠勇王 金忠 本名也先土干。永樂二十一年以其部屬來歸封，賜姓名。宣德四年二月累加太保。六年八月卒。

榮國公

姚廣孝

永樂十六年三月追封，加號推誠輔國協力宣

謀文臣，諡恭靖。	景城伯 馬榮 永樂八年追封，諡壯武。	新泰伯 張欽 永樂十五年二

月追封，諡剛勇。	萊陽伯周長 永樂十五年二月追封，諡忠毅。	成武伯陳亨 一名午。

永樂十六年三月追封，謚忠勇。	平陰伯 朱崇 永樂二十年二月追封，謚武襄。	保昌伯

程寬	
永樂二十年正月追封，謚忠威。	

右永樂朝自姚廣孝以下，皆從北平，以功追贈者。

校勘記

〔一〕遷家屬嶺南　嶺南，本書卷一四五丘福傳、太宗實錄卷六六永樂七年九月丁未條作「海南」。

〔二〕十六年六月卒　十六年，原作「十五年」，據本書卷一四四顧成傳、孝宗實錄卷二〇〇弘治十六年六月己酉條改。

〔三〕錫胤　原作「錫印」，據熹宗實錄卷一〇天啓元年十月壬申條改。

〔四〕國楨　本書卷一四六李濬傳作「國禎」。

〔五〕三十三年四月加太子太傅　太子太傅，原作「太傅」，脫「太子」二字，與下文「贈太傅」重出。據本書卷一五三陳瑄傳附陳圭、世宗實錄卷四〇九嘉靖三十三年四月丁酉條補。

〔六〕十四年九月卒於任　九月，原作「十一月」，據本書卷一一景帝紀、國榷卷二八頁一七九五改。英宗實錄卷一八五作十一月己卯「賜祭」，十一月當因此致誤。

〔七〕恂　孝宗實錄卷七四弘治六年四月乙卯條謂恂爲寧之子，非同輩人，與此互異。

〔八〕永樂八年九月壬辰襲　八年九月，原作「九年八月」，據太宗實錄卷七二永樂八年九月壬辰條改。

〔九〕祚昌　原作「昌祚」，據本書卷三〇八馬士英傳、熹宗實錄卷一天啓元年正月丁亥條改。

〔一〇〕永樂七年九月庚午北征功封　庚午，原作「庚子」。九月庚午朔，沒有庚子。據太宗實錄卷六六改。